CREDIT APPLICATION

信贷
综合应用

张宇◎编著

中国经济出版社
CHINA ECONOMIC PUBLISHING HOUSE

·北京·

图书在版编目（CIP）数据

信贷综合应用／张宇编著．
北京：中国经济出版社，2017.7
ISBN 978-7-5136-4727-4

Ⅰ.①信… Ⅱ.①张… Ⅲ.①信贷管理 Ⅳ.①F830.51

中国版本图书馆 CIP 数据核字（2017）第 121964 号

责任编辑	杨 莹
责任印制	巢新强
封面设计	任燕飞

出版发行	中国经济出版社
印 刷 者	北京科信印刷有限公司
经 销 者	各地新华书店
开 本	710mm×1000mm 1/16
印 张	13.25
字 数	165 千字
版 次	2017 年 7 月第 1 版
印 次	2017 年 7 月第 1 次
定 价	42.00 元

广告经营许可证 京西工商广字第 8179 号

中国经济出版社 网址 www.economyph.com 社址 北京市西城区百万庄北街 3 号 邮编 100037
本版图书如存在印装质量问题，请与本社发行中心联系调换（联系电话:010-68330607）

版权所有 盗版必究（举报电话：010-68355416 010-68319282）
国家版权局反盗版举报中心（举报电话：12390） 服务热线：010-88386794

版权声明

版权所有。本书版权属于张宇先生，受著作权法、国际著作权条约及有关法律的保护，未经作者本人事先书面许可，任何人不得擅自复制、转载、转播、及用于任何商业用途。

前　言

　　信贷，是投资行为中有借、有还、有偿的一种货币借贷模式。如何事前把控贷款者能借、能还、能付息的结果，多年来，从业者对于贷款对象的调查、分析、科学判断，都是整项工作中的重中之重。根据本人多年信贷工作的经验和风险把控的教训，总结了现时信贷、投资市场上操作中的几项主要技术知识，供广大从业者在工作中参考、使用。这里主要浓缩了三方面的信贷技术，整理为教学培训版的实践讲义，是本人在清华大学五道口金融学院、有关高校、公司培训中使用的教学版本。

　　信用评估是在贷款投资前对一个企业，一个人的总体评价，是该项工作的基础。

　　项目评估是对资金具体投向项目的量化分析和评价，以充分掌握使用方是否有能力有借、有还、有偿。

　　供应链融资的本质，是在无第三方抵押担保的条件下，以本笔贷款购入的资产进行抵押的融资形式。

　　掌握了以上三种信贷综合技能，对在贷款投资的市场上如何控制风险，发展业务，有较为科学的指导作用。本书适用于银行、非银行金融机构，大专院校相关专业的师生，研究和实践的具体从业人员使用，由于本人水平有限，书中难免有错误之处，欢迎大家批评指正，在本书出版过程中，得到了徐浩钧先生的大力支持，在此深表谢意。

张宇

2017 年 3 月 30 日于北京　中融民信

目 录

第一章 ·· 1

投资项目评估大纲 ·· 3

《投资项目评估》培训内容 ·· 26

第二章 ·· 69

企业信用等级评估大纲 ·· 71

《信用评级》培训内容 ·· 98

第三章 ·· 149

供应链融资大纲 ·· 151

《供应链融资》培训内容 ·· 171

第一章

投资项目评估大纲

投资项目评估

- 经济评价
- 项目主体
- 产出物
- 边际投入法　规模一定,最大需要多少投入?
- 边际规模法　投入一定,最大能有多少市场?
- 机会成本
- 内部收益率
- 影子价格
- 货币时间价值
- 有无法　差额计算,对于新建项目不适用
- 前后法　可看作是有无法的特殊形态,总额计算,适用于新项目
- 后评估　项目完成或失败后评估,并可以在项目寿命期任意年份进行
- 全投资　把原有可利用的生产要素估算后列入本项目投资

连续复利

- 设初始本金为P，年利率为r，按复利付息，则
- 一年后的本利和为 $P_1 = P(1+r)^1$
- 二年后的本利和为 $P_2 = P(1+r)^2$
- k年后的本利和为 $P_k = P(1+r)^k$
- 如果一年分n期付息，年利率仍为r，则每期利率为 $\frac{r}{n}$，则一年后的本利和为 $P_1 = P(1+n)^{\frac{r}{n}}$，k年后的本利和为 $P_k = P(1+nk)^{\frac{r}{n}}$
- 如果一年内复利计息次数越来越大，即令n→∞(可以理解为每时每刻计算复利，称为连续复利)，则k年后的本利为
- $P_k = P(1+\frac{r}{n})^{nk} = P(1+\frac{r}{n})^k = Pe^{rk}$
- 上述极限公式称为连续复利公式。

一年复利一次与连续复利对比

例：设年利率 r = 10%，本金 P = 1000 元

一年复利次数（n）	一年后的本息和
1（一年一次）	$1000 \times (1+10\%) = 1100$
2（每半年一次）	$1000 \times (1+\frac{10\%}{2})^2 = 1102.50$
4（每季度一次）	$1000 \times (1+\frac{10\%}{4})^2 = 1103.81$
……	
365（每天一次）	$1000 \times (1+\frac{10\%}{365})^2 = 1105.16$
……	
n→∞（连续复利）	$\lim_{n\to\infty} 1000 \times (1+\frac{10\%}{n})^n = 1000 \times e^{10\%} = 1105.17$

一、企业概况：企业发展史、在同行业中的地位、机构、领导人员和技术人员情况。近三年的经营管理、生产和财务状况、财务报表、资产负债表、流动比率、速动比率。

二、项目概况：项目提出的背景、目的、投资的必要性。项目的基本内容、主要产品和建设性质。

三、市场：需求、供应、市场范围、生产规模、竞争能力。

四、投入物：主要投入物名称、耗用量、价格、来源及保证程度。

五、技术和建设条件：工艺技术、引进设备及国内配套设备、自制设备的性能及效益分析，各项建设条件分析。

六、投资计划：项目总投资、投资内容、资金筹措、实施计划。

七、财务预测：产品成本、销售收入、利润、贷款偿还能力。

八、财务效益分析：投资利润率、贷款偿还期、财务净现值和内部收益率。盈亏平衡关系分析及敏感性分析。

九、国民经济效益分析：投资纯收入率、投资创汇（节汇）率、纯收入净现值、经济内部收益率、必要的辅助经济效益分析及敏感性分析。

十、概率分析及风险分析

十一、总结和建议：根据总评估结果写出结论性意见，并说明贷与不贷、贷多贷少，以及有关贷款签约、支付和偿还的条件。

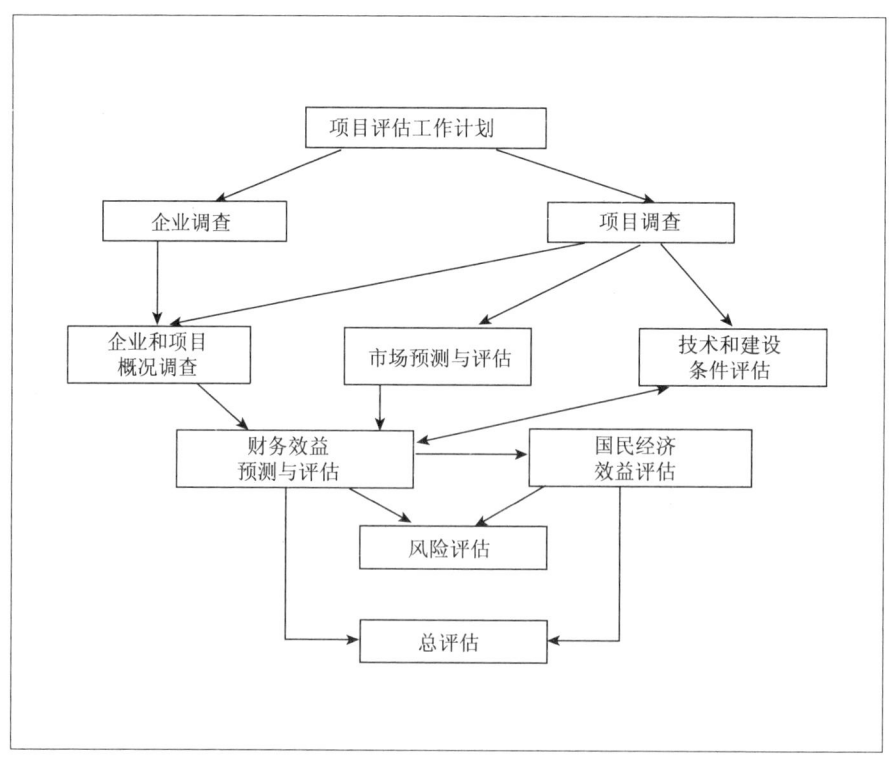

盈亏平衡分析

· 假设条件成立

(1) 生产成本是生产量和销售量的函数。

(2) 生产量等于销售量。

(3) 每批生产量的固定成本是相等的。

(4) 可变成本与生产量成函数关系。即满足线性关系。

(5) 各种产品的销售单价在各时期都相同。

(6) 销售收入是销售单价、销售量的线性函数。

· 为便于分析盈亏平衡关系的代数式,我们再假设:

B　盈亏平衡点

F　固定成本

T　单位产品税金

V　单位产品变动成本

P　产品销售单价

Y　总收入(或总支出)

Y_0　平衡点上总收入(或总支出)

X_0　平衡点上的产量

根据盈亏平衡点的定义：在盈亏平衡点上，销售收入等于生产总成本加销售税金。

即：$PX_0 = F + VX_0 + TX_0$

由此可得平衡点上的产量：

$$X_0 = \frac{F}{P - T - V}$$

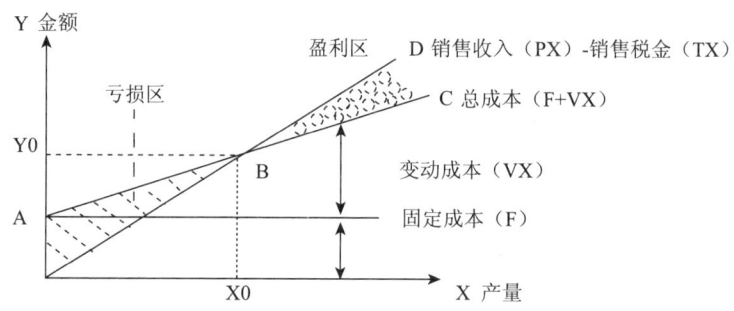

（1）、以生产能力利用率表示盈亏平衡点 B_S

表明企业保本所必须达到的最低限度的生产能力。

$$B_S = \frac{总固定成本}{销售收入 - 销售税金 - 变动成本} \times 100\%$$

（2）、以销售价格表示的盈亏平衡点 B

表明企业不发生亏损所必须达到最低销售单价

$$B = \frac{产品单位成本}{销售单位 - 单位税金} \times 100\%$$

动态分析

（一）现金流量、货币时间价值、现值、将来值、折现率、折现系数

1. 项目的现金数量
- 现金流量又称资金流量，是项目寿命期内资金流入（收入）和资金流出（支出）的流通量。总的资金流入与资金流出之差叫净流量。
- 总的资金流入包括：固定资产投资投放、流动资金、经营成本（经营成本＝（销售成本－折旧））、技术转让费、销售税、企业盈利后应交的所得税、调节税等。
- 项目净流量＝总的资金流入－总的资金流出

- 用于计算复利的利率也就是折现率。折现率在国外是按照资本的机会成本确定的。在国内，是以一般市场利率或一般企业盈利利率为基础，结合国家或银行在选择项目时的政策确定的。
- 一个货币单位在不同时期的现值称为折现系数。如果折现率不变，则第 N 年的折现系数为：

$$Z_C = \frac{1}{(1+Z)^N}$$

其中：Z_C 折现系数

Z 折现率

N 年数

- 可见，折现系数是一个货币单位复利值的倒数，也是折现率和年数两者的递减函数。例如，1元人民币，按10%的复利率计算，10年后的复利值为2.594，因此，10年后一元人民币的价值是1/2.5945＝0.386元，这就是折现率为10%的情况下，把10年后的货币折成现值的"折现系数"。在实际工作中，将各年的净资金流量乘以折现系数即得其现值。
- 如果几年内净资金流量相同，折现率不变，为减轻计算工作量，可以采用"年金折现系数"一项计算。

- 年金折现系数就是每年金额相同的若干年折现系数的累计数，利用年金折现系数计算现值时，把净资金流量相同的最后一年金折现系数与净资金流量相同的第一年的年金折现系数之差，乘以相同的净资金流量即可求得。例如，净资金流量自第七年至第十年连续四年相同，每年1000元，折现率为12%，这四年的净现值是（5.650－4.111）×1000＝1539元。
- 在实际工作中，可以从复利表和贴现表中查得所需系数。

2. 列表计算项目的净现值，并进行分析

· 投资项目的净现值，是指整个项目寿命期内，每年发生的资金流入量和资金流出量的差额，按照规定的折现率，折现到项目实施期的现值，将项目寿命期内各年的净现值相加，求得总的净现值（见表）。

· 净现值的分析，项目的净现值为正数，说明他的投资收益水平超过了折现率，这个项目在财务上是可行的；相反，项目的净现值为负数，说明他的收益水平低于折现率，除收回投资外，要支付贷款利息也会发生困难，因此项目在财务上是不可行的。在多方案进行比较时，要使用同样的折现率和折现时期，净现值越大越好。

（二）内部收益的计算和分析

· 内部收益率就是项目寿命期内资金流入的现值总额与资金流出现值总额相等而净现值等于零时的折现率。

1. 内部收益率的计算

·根据定义,内部收益率的计算一般采用试算法(内插法),具体步骤如下:

(1) 如果原来的求得的净现值是正数,就用比计算净现值更高的折现率试算。

(2) 如果净现值还是正数,就继续升高折现率,直到试算的净现值下降到接近零为止。

(3) 再止高折现率,直到测算出一个负数的净现值。如果负数过大,就降低折现率,再测算,直至负数接近于零。

(4) 根据接近于零的正负两个净现值的折现率,运用"插入法",求得精确的内部收益率。(正负净现值的两个折现率的差距不应超过5%,否则就不够准确)。

"插入法"的计算公式如下:

$$内部收益率 = 偏低折现率 + \frac{偏低折现率的净现值 \times 两个折现率的差额}{两个折现率的净现值绝对数之和}$$

例：项目运营期间，投入期的现金流每年净流出为10K，生产期每年净流入10K，运用插入法计算内部收益率如下：

现金流	a_0	a_1	a_2	a_3	a_4	a_5	a_6	a_7
PV_i	a_0	$\frac{a_1}{(1+r)}$	$\frac{a_2}{(1+r)^2}$	$\frac{a_3}{(1+r)^3}$	$\frac{a_4}{(1+r)^4}$	$\frac{a_5}{(1+r)^5}$	$\frac{a_6}{(1+r)^6}$	$\frac{a_7}{(1+r)^7}$
NPV	$a_0 + \frac{a_1}{(1+r)} + \frac{a_2}{(1+r)^2} + \frac{a_3}{(1+r)^3} + \frac{a_4}{(1+r)^4} + \frac{a_5}{(1+r)^5} + \frac{a_6}{(1+r)^6} + \frac{a_7}{(1+r)^7}$							

r \ 现金流 pv	-1000.00	-10000.00	-10000.00	10000.00	10000.00	10000.00	10000.00	10000.00	NPV
12%	-1000.00	-8928.57	-7971.94	7117.80	6355.18	5674.27	5066.31	4523.49	1836.54
15%	-1000.00	-8695.65	-7561.44	6575.16	5717.53	4971.77	4323.28	3759.37	-909.98
14.0%	-1000.00	-8771.93	-7694.68	6749.72	5920.80	5193.69	4555.87	3996.37	-50.16
13.90%	-1000.00	-8779.63	-7708.19	6767.51	5941.62	5216.53	4579.92	4021.00	38.75
13.95% (r_2)	-1000.00	-8775.78	-7701.43	6758.60	5931.20	5205.09	4567.87	4008.66	-5.77
13.94% (r_1)	-1000.00	-8776.55	-7702.78	6760.38	5933.28	5207.38	4570.28	4011.13	3.12

$$NPV = r_1 + \frac{(r_2 - r_1) \times |NPV_1|}{|NPV_1| + |NPV_2|} = 0.139435$$

2. 内部收益率的分析

- 内部收益率能够把收益和总投资联系起来，指出项目可以承受的最高利率，是评价项目好坏的重要指标之一。
- 一般来说，项目的内部收益率大于基准收益率，说明该项目可行。越大，盈利水平越高，承受风险能力越大。

（三）敏感性分析

- 投资变化
- 工期提前或延长
- 达到设计能力时间的提前或推迟
- 生产能力发挥程度
- 原材料、能源价格变化
- 销售价格变化
- 产品提前老化
- 产品市场需求和竞争力变化
- 经济政策变化

（四）国民经济效益分析

- 调整价格
- 影子概念
- 资源稀缺性
- 最优配置
- 煤矿油分解成本
- 内部收益率
- 税、折旧
- 就业率、创汇能力等

静态法和动态法主要指标区别对照表

方法 \ 指标 区别	收益额	收益率	不确定性分析
静态法	利润	投资利润率	盈亏平衡分析
动态法	净现值	内部收益率	敏感性分析

静态分析

$$投资利润率 = \frac{项目正常年度产生销售利润总额（单年）}{项目总投资支出} \times 100\%$$

项目总投资支出 = 固定资产投资支出 + 流动资金

贷款偿还期 = 建设期 + 还款年数 + 最后一年月数

$$还款最后一年月数 = \frac{（年初贷款累计 + 本年应付利息）}{（本年还款资金总额/12）}$$

概率分析

· 实例：

对某建设单位项目的销售收入进行概率分析。

假定通过分析，正常生产年度项目的产量为5000万单位。

销售单价为0.2元，产品全部销售获得收入1000万元。

· 第一步：找出影响效益的主要不确定性因素，我们选市场需求量这一不确定性因素，假定根据资料分析，市场需求量有三种变化情况。

★一种是需求量大，使项目产品全部销售，即销售收入为1000万元；

★一种是需求量一般，使项目产品销售80%，即销售收入为800万元；

★一种是需求量小，使项目产品销售65%，即销售收入为650万元。

· 第二步，根据统计资料分析，市场需求量大的可能性为0.1，市场需求量一般的可能性为0.8，市场需求量最小的可能性为0.1。

- 第三步,计算期望值。先列出市场需求量这一随机变量的概率分布如下表:

市场需求量	大	一般	小
销售收入(万元)	1000	800	650
概率	0.1	0.8	0.1

则期望值为:

$E(X) = 1000 \times 0.1 + 800 \times 0.8 + 650 \times 0.1 = 805$ 万

- 第四步:计算标准偏差:

$$标准偏差 = (1000-805)^2 \times 0.1 + (800-805)^2 \times 0.8 + (650-805)^2 - 0.1 = \pm 79$$

- 第五步:综合分析该项目获得收入的期望值为805万元,标准偏差为79万元,项目获得收入为726~884万元($E(X) \pm \sigma$)的可能性为68%,获得收入为674~963万元($E(X) \pm 2\sigma$)的可能性为95%,获得收入为568~1042万元($E(X) \pm 3\sigma$)的可能性为98%。

★ 经验概率:

一般 $E(X) = \sigma$ 的可能性为68%

($E(X) \pm 2\sigma$)的可能性为95%

($E(X) \pm 3\sigma$)的可能性为98%

★ 最坏可能性的下限568万,可结合盈亏平衡点是否落在此区间内作综合性分析。

投资来源和支出预测表

时间	建设期开始起年份	第一年			建设期 第二年				总计			
		外币		人民币（元）	合计（人民币）（元）	外币		人民币（元）	合计（人民币）（元）	外币		人民币（元）	合计（人民币）（元）
项目		美元	折人民币（元）			美元	折人民币（元）			美元	折人民币（元）		
投资来源													
贷款													
其中：购买外汇													
自筹资金													
流动资金													
其中：自筹													
贷款													
投资支出													
建筑工程费													
设备安装费													
国外进口设备费													
进口设备海运、保险费及其他费用													
技术转让费													
进口设备关税													
国内设备费													
土地征用费													
不可预见费													
其他费用													
流动资金													

产品成本预测表

序号	成本项目	产品名称及规格 达到设计能力时产量(吨)	A产品 1000			B产品 2000			合计 3000			合计
			变动成本	固定成本	合计	变动成本	固定成本	合计	变动成本	固定成本	合计	
1	原材料											
2	辅助材料											
3	燃料、动力											
4	包装及其他材料											
5	工资及附加费											
6	车间经费											
7	其中:折扣											
8	企业管理费											
9	其中:流动资产											
10	工厂成本											
11	销售费用											
12	总成本											
13	单位产品成本(元/吨)											

原材料、能量成本预测表

材料名称	计量单位	材料来源及产地	A产品 1000				B产品 2000				合计
			材料规格	每吨耗用量	单位价格（元）	材料成本	材料规格	每吨耗用量	单位价格（元）	材料成本	
M原材料	吨										
辅助材料	吨										
包装材料	公斤										
其他材料	公斤										
材料合计											
燃料	吨										
电力	度										
燃料、电力合计											

固定资产折旧预测表

项目	分类					合计
新增固定资产	A 车间	B 车间	C 车间	D 车间	配套辅助设施	
折旧率 4.85%						
年折旧额						
大修理费 2.43%						
年大修费						
合计						

说明：1. 固定资产形成率按 90% 计算。
2. 贷款偿还期，要新增基本折扣基金。80% 用于还款，企业留用 20% 后，新增基本折旧基金的 50% 用于还款，企业留用 50%。

销售收入与税金预测表

产品名称	项目	投产初期			正常生产期（达到设计能力）			合计	
		第 4 年（未达到设计能力）			第 5 年	第 6~20 年	销售收入（万元）	销售量（吨）	销售收入（万元）
		销售量（吨）	销售单价（元）	销售收入		销售量（吨）			
A 产品	销售收入								
	销售税金（10%）								
B 产品	销售收入								
	销售税金（10%）								
合计	销售收入								
	销售税金（10%）								

注：1. 本表销售收入均按实际销售价格计算。
2. 用于经济分析的价格
（1）A 产品替代进口货品，每吨到岸价格 4300 美元。
（2）B 产品离岸价格是 8300 美元/吨。

信贷综合应用

利润预测表

时期	投产期				合计
建设开始年期	4	5	6	7~20	
达到设计生产能力比例（%）	50	100	100	100	
一、产品销售收入					
减：销售税金（10%）					
销售成本					
技术转让费					
二、产品销售利润					
三、企业留利（按3%）					
四、用于归还贷款利润					
五、交纳所得税					
六、交纳调节税					
七、税后利润					
八、销售收入利润率					
九、销售成本利润率					

贷款偿还期预测表

单位：万元

序号	时期 年期 项目	建设期			投产期					
		1	2	3	4	5	6	7	8	……
1	年初贷款本息									
2	本年贷款本息									
3	本年应计利息（10%）									
4	本年还本利息									
5	年末贷款本息累计									
6	还款资金来源	利润								
7		折旧基本								

· 22 ·

净现值和内部收益率计算表

单位：万元

内容＼年期＼时期	建设期		投产期						合计
	1	2	3	4	5	6	7～19	20	
一、现金流入									
1. 销售收入									
2. 回收固定资产残值									
3. 回收流动资金									
二、现金流量									
1. 固定资产投资（含利息）									
2. 流动资金									
3. 销售成本（扣折旧）									
4. 销售税金									
5. 技术转让费									
6. 所得税									
7. 调节税									
三、净现金流量									
四、基准折扣系数（10%）									
五、净现值									
六、偏高折现系数（16%）									
七、净现值									
八、偏低折现系数（15%）									
九、净现值									

变动成本上升5%的敏感性分析

单位：万元

序号	时期 年期 项目	建设期			投产期					合计
		1	2	3	4	5	6	7～19	20	
1	净现金流量									
2	净现金流量增减数									
3	变动成本									
4	调整后净现金流量									
5	基准折现系数（10%）									
6	净现值									
7	偏高折现系数（13%）									
8	净现值									
9	偏低折现系数（13%）									
10	净现值									

投资回收期计算表（静态）

指标名称		建设期		生产期			
		1	2	3	4	5	……
固定资产投资金额		429	388				
年回收净收益	销售利润			220	275	275	……
	销售税金			77	96	96	……
	基本折旧基金			120	120	120	……
	合计			417	491	491	……
	年末余额	429	817	400	-91	—	……

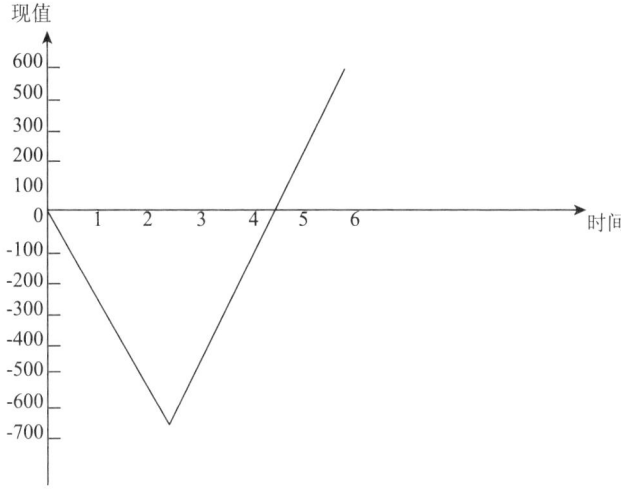

动态投资回收期（现金流）

《投资项目评估》培训内容

这门课其实笔者早就准备讲了,但因人数少了一点,笔者又不喜欢像个留声机一样重复去讲课,讲一遍,再讲一遍,感觉很不好。若要讲,那就一次性把自己所懂的都告诉大家。

本课分三个部分,一个是项目评估,一个是信用评级,一个是供应链金融。这三个部分是三个手艺,学了这三个手艺之后,这每个手艺都可以出去挣钱的。在我们国家能够真正掌握项目评估的人很少,因为所需要的综合知识以及实现的条件比较高,不是每个人都有这种机会,其适应面主要在投资领域。关于投资我们都知道,有各种各样的投资:银行的贷款、股权的投资、风险的投资等,不管怎么样,只要有钱,想赚钱,把钱拿出去,一段时间内想得到一定的回报,然后最后把本金拿回来,这本身就是一种投资行为,而这种行为在我们现在的社会上有很多,包括证券公司、信托公司、租赁公司、银行、投行等,同样我们每个人都有自己的投资行为,当你拿到的钱,得到的收入,只够吃饭时,你是不会去考虑投资的,但是从经济学规律上讲,有一个边际消费递减规律,也就是说,当你挣一百元的时候,你可能存十元,百分之十;当你拿到二百元时,你存的可能就不是二十元,不是百分之十了,就可能变成百分之四十,甚至百分之五十,你很可能去存四十元,而不是二十元;当你拿到两千元时,可能你的投资比例又变了,可能去掉你的基本消费,剩下所有的你都用来投资,这叫边际消费递减规律。其中又派生出两个方向，第一个是投资的方向，第二个是储蓄的方向，储蓄越大，最后会带来消费不足、生产过剩。全世界第一次、第二次经济危机就是这么产生的，最后由凯恩斯分析出了通货膨胀理论，就是讲在水满的时候，边际消费递减的时候，有效需求不足，钱都拿去存了，钱存了之后，购买力不足了，生产、开工不足，仓库积压了，老板赚不到钱，员工也拿不到工资，消费结构进而陷入恶性循环。那么这个时候水池里面就要加一点水，当你只有两百元收入的时候，我给你加到四百元，那么，你的消费就会增加了，消费增加以后，你生产出来的东西就能卖掉了，工厂又可以开工了，老板又能赚到钱了。在激活的这段时间内，调整产业结构，这就是经济，整个经济运行的态势就是这样，如果在调整结构这个阶段，不抓住机会，就可能会陷入下一次的恶性循环，这是讲的消费这一头。

那么，投资方面，大家也要找方向。我们每个人都有投资，储蓄也是一种投资，但是大家都想得到比储蓄更高的收入，比银行利率更高的收入，那么他每天都去寻找要做的事，做什么事最赚钱，到最后炒股票赚钱，但是一下同时遇到几个跌停板就不赚钱了，例如最近的股灾，使很多人赚不到钱，但它也是一种投资。而我们讲的项目评估，就是指一般性的投资，如果我们每一个人都掌握了这个投资的知识，那么在你的生活中，在你的工作中，都会起到一定的作用。

项目评估在我们国家来讲，实际上是从20世纪80年代末才开始有的，在这之前是没有的，在中国这个专业根本都没有，这样的人才更没有。因为在改革开放之前，我们国家实施的是计划经济，计划经济最本质的特点就是一切都有计划，生产有计划、消费有计划、投资也有计划，连投资的方向都有计划。固定资产类不是老百姓能够投资的，是由国家财政拨款，所以说一般不需要经济评价，因为亏或赚都是国家的。

在 20 世纪 80 年代之前，国家根本就没有房地产贷款，房地产在计划经济的分类上属于固定资产，固定资产投资属于财政解决的问题，那个时候连集体企业、个体企业、民营企业都没有，全是国有企业，固定资产投资被列入国家固定资产投资计划的，即每年国家有多少钱来投资固定资产计划，所以在当时，对项目评估这项技术并没有需求。但是，随着我们国家改革开放的发展，慢慢对项目评估有了需求，投资需要进行分析。那么首先从事业银行开始，然后建行、工行，一个个银行开始做这项工作，而我有幸第一批参加这项工作。首先是从银行的技术改造贷款开始，因为技术改造贷款在我们过去的一些生产领域里，很多的装备、技术、环境是比较落伍的，但是国家又拿不出这么多钱来进行改造，只能进行小改小革，这个生产线不行，某个生产设备换一下，或者市场还是需要这个工厂的，那么对它的设备和厂房进行改造，这个改造就需要对投入物或者是投入资金的效益情况进行一些评价，那么就出现了项目评估。项目评估里面很重要的一点就是要考虑，如果我不投资，那么这个企业会是什么样；如果我投资了，这个企业会怎么样；因为就算你不投资这个企业，这个企业也要发展，技术改造就是这样的，这个是比较复杂的。它的复杂之处在于，原来就有老项目，比如一个生产洗衣机的工厂，一个生产冰箱的工厂原来就有生产线，不改造之前，也有产品销售，但产量低，质量差，销量上不去，而改造之后，销量就上去了。由此我们可以看出，投入下去，会得到怎样的收入和结果，最后再决定这个项目是投还是不投。这是从技术改造开始，然后到完整的新项目。因为在技术改造的评价中比新项目的评价要复杂得多，有一个前后法，投资前和投资后，要算两套数据流出来，然后进行比较。投资前他也要发展，投资后他更会发展，前与后有一个比较。另外还有一个叫有无法，这是对独立项目来讲，如果认为这个项目好，就和没有这个项目来进行一个对比。但在这之前，对于项目的基本概念和基本的应用范围，以及它的产生，在我们的工作当中起怎样的作用，给大家先做一个简单的介绍。

项目评估涉及的内容很多，从数学、会计、统计、国民经济计划，到财务分析，很多内容要涉及至少十门以上的课程，才能在实践中去运用，少一课都没办法进行到最后，因此，需要给大家做一个简单的名词介绍。

项目评估实际上是对一个项目的经济评价，这个经济评价从国际上来讲是属于技术经济学的范畴。经济学有很多种类，宏观经济学、微观经济学、短缺经济学，项目评估这属于技术经济学的范畴，是应用的理论和应用的专业课，两者结合在一起的，因为它有很大的功能是分析，就是通过这个经济评价，然后分析这个项目能否进行。同时，还涉及其他方面，包括环境、市场、投入物还有很多东西，但是它的总体角度是一个经济评价，是从经济角度，也就是算账，算它合不合算，能不能干。但是，这个算账是精算，不像房地产老板，买这块地需要多少钱，然后盖出来的房子卖多少钱，大概粗算一下，就知道赚不赚钱，而经济评价是针对很复杂的项目，有很多生产过程的项目，并且是用货币时间价值，用动态的一种方法来进行的一种精算。大家掌握了里面的基础知识以后，就不会输给保险公司的精算师，因为它所运用的数学技术有些是和精算师完全一样的，而且当你们掌握得很好的时候，算出来的账有可能比他们还要精确，你现在到一家银行，能够独立地进行项目评估的人估计很少，因为这样的人非常难培养，确实需要条件，还需要资历和环境。这就是我们所要理解的第一个名词，叫经济评价。

第二个是项目主体。当我们评价一个对象，评价什么，它得有一个主体，这个主体一般是用项目的名称命名，比如三万吨硫酸的改造项目、压缩机改造项目、游轮项目等，这个项目名称就是我们的项目主体。这个项目主体的产生过程，首先从政府角度，写一份项目建议书，给上级或者有关部门作为立项的依据。有了项目建议书以后，就要做可行性研究报告，可行性研究报告获批之后，就开始初步设计，这个设计不仅仅是图纸的设计，还包括整个项目的设计。初步设计完之后，后面有一个扩大的、较为详细的初步设计，我们称之为扩初设计。这结束之后，里面的资金来源就需要制定计划，资金来源有三个，一个是国家投资，叫财政拨款；一个是企业自筹；第三块就是银行贷款。现在资金的组织形式可能更加多样，例如发行债券、股东出资用股本、上市、公募，等等。在准备投资这个项目的时候，包括银行准备贷款的时候，在这个时候根据其可行性研究报告、立项、扩初设计来进行评估，评估之后，银行即可决定贷与不贷、贷多贷少、期限长短、利率高低。所有的投资者也就是根据这个评估报告决定是否投资这个项目，包括证券市场、债券市场、项目市场等都是从这个角度出发的，评估报告跟很多的经济评价包括贷前调查、对项目的前期摸底，以及投行经常用的净值调查，都属于可行性研究报告里的内容。这是从项目主体让大家了解一下。

  第三个就是产出物，任何一个项目都有产出物，投资项目的产出物一般就是指产品，包括轻工产品、重工产品、交通产品，等等。产品一般都有一个载体，我们评估的那么多项目，基本上都是一些能够看得见，摸得着的实物，后来深圳有一些产出物是服务的，比如像医院，它投资以后产出的是服务，多少的病床接待多少个客人，提供什么样的服务，然后每年的收益是多少，这就是我们不能看到物质形态的产出物，它是一种服务形态的产出物。我们在评的时候这个项目一定会产生某个东西，像房地产企业，它是一个很特殊的行业，房地产企业就是产出物，既是产品又是固定资产。在生产企业做房地产的时候，自己盖了房子作为厂房和办公室。在用的时候，它就是固定资产；作为产品进行销售的时候，它就是产品。我们很多的项目都属于房地产项目，项目评估对它就不是很适用，但是如果它里面有一部分是固定资产的话，也是适用的，因为它的思想一样，评估的思想都是一样的，最后就是投入的钱能不能回来，专门有一个贷款偿还期，税收、成本怎么算，贷款偿还期可以算到天的，比如贷款偿还期限三年零二十八天，非常精确。这就是产出物的概念。

第四个就是在投资中要考虑的边际投入法，即规模一定，最大需要多少投入。下面的边际规模法，与其相反，即投入一定，比如我只有五百万，最大能创造多大的规模和效益。还有一个是边际市场法，在规模、投入一定，最大能有多少市场，这个市场包括宏观市场、微观市场，包括我们企业本身的市场，那么在我们评价的时候，就要考虑到这个企业市场究竟有多大。

再往下就是机会成本，这是项目评估里面从头到尾都需要有的一种思想。机会成本概念就是当你做出一项投资时，失去了对另外一项投资的收入，那么另外一项投资的收入就作为你新投资的成本。举一个简单的例子，投资某家互联网公司，年化收益率15%，那么它的机会成本是多少？一般的机会成本就按照银行来算，估计是百分之三点几，如果银行天天都有5%的理财，那么它的机会成本就是5%，那投资某家互联网公司肯定要比投资银行合算得多，这是在没有风险的情况下。如果有风险，就用风险系数进行调整。懂了机会成本之后，我们在投资的时候有一个标准折现系数，这个系数实际上就是全世界统一的对投资者回报所计算出来的一个标准收益，一般是在10%左右，也就是你投资的平均回报率在10%～12%左右，把它作为一个参数，就是我们新投资的机会成本。如果你的投资收益年化收益率不超过10%，这个项目就不要做了，没有意义，因为你做其他的项目，能够拿到10%。这个是国际规则，是通过模型算出来的。

再往下就是内部收益率，它实际上就是大家在进行经济评价时所共用的一个指标，这个指标就是专门计算在使用货币时间价值度量的前提下，最终这个企业的投资收益是多少。内部收益率是一个指标，这个指标可以讲是我们在进行项目评估时的一号指标，这个项目行不行，就要看这个项目的内部收益率是多少，只要一报这个数字，就知道这个项目能不能上了，因为内部收益率所比照的参照值，就是国际上标准折现系数，也就是10%~12%，如果你算出来的内部收益率高出这个水平，那这个项目可行，如果低于就不可行。

再往下，影子价格，这也是经常用的概念，影子价格里面包含很多的内容，有影子汇率、影子工资等。为什么叫影子？我们中国还有影子银行，它不是真实的，但它又是真实的投影，真实的投影实际上是一个参照的价格，就是国际上的一个参照价格。例如煤，如果现在在中国是300元一吨，那么煤的影子价格是多少？国际上的影子价格可能是250元一吨，中国为什么是300元一吨？可能里面有运费的问题，有开采成本的问题，那么当我们在进行国民效益经济评价的时候，就会和这些影子价格进行比较，得出是进口好还是自己开采好。影子价格都是国际性的，那我就知道这项投资在国际上是否合算。大米涨价，就看它国际上的价格是多少，如果这个影子价格很低的话，就直接进口。劳动力有影子工资，国际劳动力的平均工资是多少，一旦有什么区别，或者影子价格比我们低得多，我们就进口劳动力，自己国家劳动力就暂时不用，有很多国家都这样，大量进口低端的劳动力，放开了劳务市场。影子价格是最后进行国民效益经济评价的时候，不是对企业的效益，而是对一个国家的效益，宏观上来进行评价的时候所用的一个指标。

再往下就是货币的时间价值，大家都知道货币在不同的时间，它的价值是不一样的，一年以后的100元和现在100元的价值是不一样的，后面我要专门讲这个问题，这是核心。比如我们今天存100元，年化收益率是10%的话，到年底就变成了110元，但是如果我需要远期支付100元的话，我现在就不需要支付那么多钱，因为货币是有价值的，我可能只要90元就行了，或者95元就行了，到远期的那个时候就是100元了。我们讲的是一年，那么两年、三年甚至十年之后的100元是多少呢？有一个很标准的运算过程，用不同的利率价格对每年的现金流都进行折算，运算过程还是比较复杂的。现在好在已经有固定程序了，要简单一点，过去我们全是手算，一个项目寿命期18年，那列出的表至少有18个格子，18年每年的现金流入、现金流出，全部都要放进去，算好了以后，每一个都要折到今天，也就是投资的这一天，比如说今年是2015年，如果是18年的话，就到2033年了，2033年所有的现金流都要折到今天，这样它才有可比性。这个我们就称之为动态评价。

下一个是在经济评价时的有无法。前文提到过，就是有这个项目和没有这个项目，两条现金流进行差额计算，但是对于新建项目一般不适用，适用于改造项目。改造项目就是原来它有，然后再加一部分钱，如果不改造，它也会发展，但是发展得慢，一旦改造之后，它的速度就变快了，变快了以后，它所得到的现金流和它不变所得到的现金流进行差额，这样就能知道新投资得到了多少实实在在的收益。

再下面是前后法，这是有无法的特殊形态，它是总额计算，适用于新项目，可以不考虑过去的东西，就是完全用新项目来进行计算。

再往下就是后评估，就是往往很多的项目评估以后，上马了，最后已经投产了，投产以后到底和我们一开始对它评价的那个结果有多大出入，有多少一致性，有哪些东西我们评价对了，有哪些地方我们评得不准确，对这个评估进行再评估，这就对我们实践工作的指导起着很大的作用，我们工作当中经常要总结经验，后评估就是一种总结和检查对照，这样就能对我们的工作提出新的修正，对的坚持，错的改正。

最后一个就是全投资，它的概念就是对一个工厂，或者对一个项目，把原有的可利用的要素估算后列入本项目的投资。就是这个企业本来就有人，那么这个人也作为本项目的投资；原来有厂房，这个厂房也作为本项目的投资；原来有商标权，商标权也作为本项目的投资。除了新投入的现金和新投入的一些物资、货币或者一些价值的替代品之外，这个项目过去所有用在这个项目上的东西，都作为新的东西投入，把它折个价投入进去，算一部分，那么最终才能算出这个项目投完以后能得到多少收益，合不合算，能不能投。

同学们接触这样的课程，可能要求要高一点，因为这个很专业，也很枯燥，但是这个专业不枯燥，你就算不出来，你就很盲目，必须有专业人员来算，就好多了。现在有专门的程序来算，电脑程序已经开发出来了，但是原始数据的采集还是需要人工，还有输进电脑前，很多的数据都已经经过修理了，或者已经经过多次符合了，你不符合的话，你直接往上填也不对，这前期还是要做很多的工作。所以要做一个项目评估的话，还是有很大的劳动量。那么我们某家互联网公司会不会开展这项工作？完全有这个可能，另外我们每一个搞市场的，每一个搞风险管理的，每一个搞我们这边核心业务的同志，对于这门技术的掌握和这门知识的掌握，是非常重要的，当你掌握了以后，整个思维都会改变，你判断项目、判断股票，你把企业的整体情况一看，立马就能判断出来这个企业未来是什么样子的，也不要去求别人。讲到货币的时间价值，就要讲到复利的问题，首先要从理论上搞清楚。我们现在知道的一般的复利都很简单，一年一次，我们的变化率和增长率都知道，当每年增加5%时，五年之后会增加多少，再一年一年地往后累。但是实际上复利有好多种，它有二分之一复利，有四分之一复利，有本金、利率还有年限。如果初始本金为P，利率为r的话，每年按复利计息的话，一年后的本利和就是$P(1+r)$，两年后的本利和就是$P(1+r)^2$，三年后的本利和就是$P(1+r)^3$，到n年的本利和就是$P(1+r)^n$，这个大家应该在高中就学过。如果一年分n期付息，年利率仍为r，则每期利率为r/n，则一年后的本利和为$P1=P(1+r/n)^n$，k年后的本利和为$Pk=P(1+r/n)^{nk}$。如果一年内复利计息次数越来越大，就要用到复利模型了，即令n→∞（可以理解为每时每刻计算复利，称为连续复利），则k年后的本利和为$Pk=P(1+r/n)nk=P(1+r/n)\times rk=Perk$。这些极限公式和上面的公式整合起来就在我们的头脑里面建立起了复利的概念和运用，这个大家应该都有这个基础。那么，有的人讲连续复利是不是收益更高呢？一年一次复利是不是低一些呢？连续复利肯定很高，但是我们做过一个对比，如果一年一次复利的话，按年化来计算复利的话，如果是1000元，利率是10%的话，到年底就是1100元，如果半年一次，也就是一年复利两次，到年底算下来就是1102.5元，如果一年复利四次，也就是每季度一次，算下来就是1103.81元，如果一年365天每天都算复利，算下来就是1105.16元，最后一个就是连续复利，在任何一个时点上都在复利，算下来就是1105.27元。同学们在计算时一定要搞明白，连续复利做到极限的时候，和一年复利只差5块多钱，相差只差5‰，很小，所以一般连续复利1/2复利、1/4复利一般不用，只用年化的。这样就从根本上解决为什么你们看都是年化的，为什么不用更复杂的东西来进行计算，因为复杂的结果就这个结果。

项目评估可分为11个部分，具体如下。

第一部分是企业概况，一般就介绍企业的发展史、企业在同行业当中的地位、企业属于哪一种类型的机构、领导人员技术人员的情况，以及企业近三年的经营管理、生产和财务状况（包括财务报表、资产负债表、流动率利、速动比率）。其中，最重要的就是财务报表，因为它的经济状况全部都要通过财务报表才能看得出来，其他情况也要了解，包括领导班子的构成，有多少是本科、多少是硕士、有几个博士，一个企业的文化程度对企业的整个质量也是有巨大影响的，还要了解该企业和其他企业不一样的地方，在这个企业概况里面全部都要收集好。在整理这部分资料时，通常是要阅读企业大量的过去的东西，一定要把这个企业整个在投资之前的情况要描述完整。因为在完整描述以后，对后面能起到一个基础的作用。这是第一块，一般这一块大概要占到4000~5000字，包括财务报表全部都要进行计算，之后拿给大家来看。

第二部分就是项目概况，项目概况里面我是讲项目是怎么过来的，从项目建议书的提出到初步设计到扩大的初步设计到可研报告，然后到我们这个评估。这里面就主要有项目所提出的背景、目的，以及投资的必要性、项目的基本内容、主要产品和建设性质。了解了这个项目的概况以后，再进行评价就有基础了。

第三部分是市场。专门把企业项目投资以后的这个市场和供应的市场要做一个描述。因为企业项目投资以后的市场通常分两块，一块是投入的市场，一块是销售的市场，这里主要指的是销售的市场和供应的市场。因为需要知道一个产品的市场有多大，比如矿泉水市场，这个市场到底有多大，每天市场的消费量是多大，有多少个厂家在进行生产，这么多厂家的生产是否能满足市场的需求，如果已经满足了需求，再继续生产出来就不好卖。所以，市场前期就解决这个问题，一定要把市场的供求关系搞清楚，这个项目是做什么东西，这个东西到底能不能卖得掉，最终销售情况不仅关系到消费方的利益，还关系到供应方的利益。因为大家都知道资本是独立的，什么东西赚钱大家就一哄而上，直到价格下降，但卖不掉之后，价格就自然回升了，后面进行投资的就全被套住了，在我们国家历史上有很多这样的个案，跟房子一样，刚性需求到底还有多长时间。我们在进行房地产调查的时候，包括我们对每个企业进行贷款的时候，就会看这个企业市场情况到底怎么样，能不能卖得掉。

为什么要看价格、地段、需求、供应，因为我们经常看一些统计数据，例如，目前我们国家待开发的面积有多少，待销售的面积有多少，每年统计供应多少，这些都是一个市场。然后每年我们卖掉多少，每年的刚性需求是多少无法清楚计算，但是，这很重要的，有多少人会去卖才有意义，没人卖没意义。现在政府鼓励城镇化，鼓励农民进城，这对房地产的需求是个很重要的推动力量，也有人认为农民进城哪有钱买房子，现在房价这么高。这话也对，但是，即使买不起也要租，只要有人租就有人投资买房来赚钱，只是中间增加了这个过程而已。有些人就会专门买一批房用的租给人家来收房租，这也是一种投资。从这个意义上讲市场在进行细分，社会越发达，市场细分就越细。因为目前的社会信息量越来越大，很多东西跟过去完全不一样，过去谁家里有点书说明还有点知识；而现在，百度一下，什么都有，电子信息量现在大得不得了。信息这么大，那我们在计算市场需求、分析原始数据的来源就很多，我们要充分的把这些信息给利用好，以后综合性东西就少，越来越细分市场，越来越专业。

随着世界的发展，现在所有国家站在一个起跑线上，因为有互联网了，如果非洲最落后的国家得到了一些赚钱的信息，只要运用互联网技术它一样赚钱，恐怕比你赚的还多，所以说，细分市场也会越来越多，在市场调查的时候，最简单的办法是根据过去的统计数据，用趋势外推法推出今后若干年每年的需求量会递增多少，当然，市场的供应方也一样，市场是平衡的，一方面买，一方面卖，两者之间用什么样的方法进行平衡？产品进入市场以后，对卖方市场会有什么影响？规模有多大才算是经济规模，经济规模的确定也是根据市场供应和销售的现状和市场基本数据来测判出来。所以在任何一个项目上面，市场往往是最重要的，市场没有解决好，那么这个投资项目可能会全毁掉，没市场，产品销售不出去，就没有投资的必要。

在日常的信贷工作当中，各种各样的企业都有。现在最多的投资项目是属于第二产业和第三产业，比重最大的是房地产，石油行业等其他行业也包括在内。但从银行角度来讲，有很多国有企业都是需要投资的，对他们的市场细分和市场判断需要用很多时间去做市场研究。为什么某家互联网公司中房地产居多，当时也有很多人警告说这个市场有问题，有不同的认识是很正常的，但为什么我们敢这么做？因为我们从很多个角度去分析，从它的终极风险来讲应该是没有的，人总是要改善住房的，从我们国家现在的经济发展速度来年，住房率，农民每年进城的有几千万，像我们这样的小企业每年几百亿下去是很小很小的。另外，我们在做这些投资的时候把自身当作是房地产商，思考如果我来卖这个房子能不能卖掉，而不是我借钱给你，你去盖。很多贷款人员把贷款人看做对手，其实不是的，实际上我们跟贷款单位所追求的目标是一致的，因为这个企业有正常的市场、正常的现金流才有可能正常的还款，如果一旦他的市场有问题以后你把他杀了都没用。我们在贷前调查的时候就要考虑他的市场怎么样。在房地产行业里市场好就是地段、价格，如果你这个把握住了以后，就算房地产到很萧条的阶段，他该卖掉的还是能卖掉，需要的还是需要，只不过可能是在某时段的价格会出现一些偏差，但我们本身是抵押贷款，在抵押率上把风险牢牢锁住，到最后无非就是流动性出现下问题，那就要靠时间和空间。

市场问题是天大的问题，任何一个经营单位都是市场问题，市场把握不住的话做到最后就肯定出问题，我们和贷款单位对市场的目标是一致的，在我们还没有放这笔贷款的时候就要去调查这个市场，是一个战壕里的战友，把这个问题彻底搞清楚，后面才好办，我讲的不仅仅是房地产市场，摩托车、汽车，其他轻工产品都有这个问题。他能卖得掉，归还贷款才有保证。我把市场重点讲一下，我们的信贷人员、客户经理在任何时候，最重要的就是市场，包括我们本公司也一样，我们的市场人员的工资系数就是比其他高出10%，风险管理和市场人员都是很重要的，如果有市场，风险控制不住那我们就白干了，反过来讲，没有市场是最大的问题，业务都没了，风险还控制什么。从经济学角度讲，市场的均衡，是永远都有市场的。根据西方经济学理论，凡是生产出来的东西都是能卖得掉的，只是不同的价格，即使最不好的产品也能卖掉。市场均衡理论为我们提供了在调查市场的时候不用担心没市场而要看市场有多大，他的盈利空间有多大，能够保证我们这笔贷款下去以后能够足够按期偿还，也使我们的企业最后能够赚到钱，我们是希望企业赚钱的，虽然我们有时要求重组解决纠纷，并不是用起诉的方法，一旦重组那就还有新的希望，大不了再投入一部分钱，使他的市场变大变好，或者又遇到新的机会，使他有发展而不是一诉了之。一诉了之是最没办法的办法，都不知道追到哪一天，判决不难执行难，虽然，胜诉是肯定的，但是，追的时候要钱没有要命一条，一点办法都没有，这就是当初市场没把握好，还是要开辟新的市场。

所以这不是简单的一个投资、一个信贷这么简单的东西，它不是一个单一的，项目评估里面涉及的知识方方面面，以后运用到工作中、生活中就是一个手艺，在紧急分析的时候就会知道这里面是什么东西，对一个项目、一个投资也能看得出来。关于市场希望大家能永远记住：搞经济的人，市场永远是在第一位。而市场恰恰又是最复杂的，有的人把市场比作一个黑箱，里面有很多的机制，像水一样无孔不入，但基本规则就是买和卖，市场就是交易行为，就是公平、公正、公开，虽然实际操作上不一定是这样，但市场就是在做交易。交易的类型会是怎样的结果，这无法判断。我对股票分析师都是打问号的，就像这次股票市场这么大的震荡谁都想不到，有的人说早就想到了只是偶然撞上了，因为市场里面能激发的要素很难说，只能说尽可能把握好，中间出现波动的时候很难去搞，这个需要从侧面去摸索市场有哪些规律。西方经济学里有一个"黑箱原理"，怎么测试里面有什么，例如，放一只鸡进去，出来只鸭；再放条鱼进去，出来只猪，就是说，不断放东西进去看它出来的是什么，然后慢慢摸索。市场就是黑箱，变量太多，这么多变量在一起变来变去，只能用时间的办法去进行黑箱测试。所以要看市场有什么规律，这些规律中找出对投资有利的因素和有利的支撑点。现在在审查的时候有一点很重要，抵押物要充足，即"充足抵押率"，这个抵押一定要是真的，一定是足够的，满足这一点就不会有大问题。在市场交易行为中也是这样，想卖东西给你的时候什么话都能讲，但一旦违约，一句话都不说了所以在工作当中，判断问题当中，一定要找到那个支点、拿得住问题的东西，没摸到这一点之前别做，宁愿我不做都别去扛，出问题的时候太费劲了。通过市场这一块，我们的市场人员、风险管理人员，在进行贷前评估市场调查的时候一定要站稳自己的立场，要有原则，要找规律，要懂得怎么去判断。这些判断方法是远远不够的，就算把项目评估的书看透了也是不够的，市场千变万化。但要把握一个要点，就是到期还款到期付息，这个搞好了以后，即便有小问题都好解决。

第四部分是投入物,投入物其实是市场的一个部分。为什么单独列出这个呢,因为有的产品东西很好,但是投入物不足或者供应不上,例如,比较稀有的稀土,我们国家技术跟不上还需要大量进口,需要在其他地方找到一些配套东西。因为项目评估不是对某一样东西,是对所有的投资的,投入物在项目评估上是专门列出来的,就是投哪些东西。生产化肥要投入哪些东西?有的认为,磷肥要磷矿石、磷酸相互作用就有了磷肥,那么这个磷肥的投入物就是磷矿石和硫酸。如果一个磷肥厂,连磷矿石都没有,要用火车皮一车车拉过来,硫酸也要从外地拉过来,我们从经济评价上看这个根本就不合理。建这种磷肥厂要在磷矿山建,或者是大型的硫酸生产基地建,这样经济成本一下就降低了。包括电厂,应该在坑口建,或者是建在地下有煤的地方,在国民经济分析的时候还会再讲这些问题。要是用火车一车一车拉煤几千里到一个电厂,那运输的成本全都上去了,而且煤要是供应不上的话就麻烦了,只要解决了煤的储藏量,后面就好办了。所以投入物,如煤、电等,以及特殊材料、钢材等,这些质量、价格、来源都有保证了才好进入下一环节。还有一个特点,当一个东西有销量之后,它的原材料立刻紧张起来了,这样的例子有很多,房子销量差了,水泥价格就下降了。还有一个是,这个东西本来就稀缺,例如,决定生产一个航空母舰,那这些技术材料从哪里来,这些投入物价值很高,根本就不具备这些条件。所以整个项目评估当中,投入物作为单独的一项进行介绍。

第五部分是技术和建设条件,即要进行一个项目,必须具备项目建成的技术和条件。实际上就是对整个技术和条件的分析,包括有什么样的技术力量,技术力量的高低,这个项目本身的条件是劳动密集型的还是建设密集型的,那么,建设条件需要哪些东西?例如运输,有没有铁路或者航运条件，靠码头的还是靠机场？这些都是项目的建设条件。这些建设条件没有的话，一个大项目进行不了。像这种技术和建设条件都很重要，因为在评估过程中，通常是取它的先进性，就是技术越先进越好，社会越先进越好，因为越先进劳动市场率就高，产品质量就好，产品质量好的话在市场上的竞争力就强，一旦有强大的竞争力，就不担心投资回不来。

掌握多少工艺技术很重要，特别是在引进设备当中。我们当时在做项目评估的时候看到过一个案例，巴西一家企业从俄罗斯进口了一套专门生产平板玻璃的玻璃设备，价格并不高，大概100万美元，可是，这个玻璃设备生产出来的玻璃老有气泡，很难看。然后该企业就找到供货方，问安装都没问题，为什么生产出来的玻璃老有气泡。供货方回复说有一个问题没解决，需要交一笔费用——技术诀窍费。多少钱？20万美元。如果不给，这器材就废了，研究到最后还是决定得买。该企业后来派了一个工程师过去，说教他们一下就可以了。工程师过去以后供货方给了一个大信封，付了钱才能给。结果拆开一看，里面就两个字——搅拌。然后带他去工厂里面，看着这个搅拌，生产出来玻璃就没有起气泡了。技术问题掌握多少，在这个投资过程中要考虑在很多东西，并且都很复杂，特别是在国际贸易当中，都有这个问题，特别是引进设备在投资一个项目上，技术到底掌握了多少，技术价值量到底有多大，在做的时候怎么能应用，怎么能把这个项目完成，最后产生效率，这都是细节上产生的问题。另外就是国外进口的设备与国内的设备能不能配套，如果能配套就很便宜，如果不能配套，就需要全部买原装，因此，除了主设备、关键设备，剩下的设备再购买，而这并不在这个投资计划中，没有的话又要重新考虑，重新考虑的话，整个的运算和各个方面都要产生巨大变化。以上就是技术和建设条件包含的工艺技术、引进设备、国内配套设备、自制设备的性能以及效益的分析；各项建设条件的分析，包括交通、气候都要分析。掌握这些知识，项目的成败会产生巨大的影响。

第六部分是投资计划，投资计划属于比较重要的一部分。每一个项目上去以后，总投资是多少，先考虑10个亿。在总投资过程中，需知道投资的内容，固定资产是多少，流动资金是多少，有多少是用于买固定资产，有多少是用于买技术等方面。投资计划分为两个部分，一个是投资的来源，一个是投资的运用。另外就是来源，即从哪里来，自筹多少，借款多少，股本多少，国家投入多少，还有其他来源多少，都是投资来源。投资的运用指用到哪里去，干什么，哪些买技术，哪些买设备，哪些买厂房，哪些买什么。投资的来源和投资的运用什么时候投，那就是投资期限，第一年投资多少，第二年投资多少，第三年投资多少。这就是整个投资计划的内容——项目的整个投资、投资内容、资金的筹措、实施的计划。

第七部分是财务预测。财务预测是整个产品出来以后，考虑产品的成本、销售收入、利润以及贷款偿还。因为项目的投资属于固定资产投资，项目统称为劳动手段和劳动对象。劳动对象就是产品，矿泉水就是劳动对象，而生产矿泉水的设备就是劳动手段，包括厂房劳动手段，两个资金周转的方式完全不一样。用来生产劳动对象的银行贷款统称为流动资金贷款，流动资金贷款是一次性投资，一次性收回，是根据销售收入进行的，因为该资金是用来支付劳动力、支付原材料、支付进货。例如，贷款5000万元以后，当这笔材料卖掉以后把赚的还回来，这就是流动资金贷款。那么项目资金做的是什么呢？是固定资产贷款，它是一种劳动手段，周转方式完全不一样，它不可能一次性归还。归还固定资产投资来源是用折旧和新增利润来偿还的，分次归还，每年归还，每个月都有折旧，一般标准是 5 年，主要是利润和折旧归还，因此，固定资产投资往往回归的时间比较长。因为根据每年利润的处理，利润好可能多归还，产量大有可能归还。如果达不到这个水平就归还不了。所以两种贷款的性质，固定资产和流动资金的两种性质取决于对象和手段不一样，周转方式和归还性质也不一样。那么，在判断一笔贷款干什么的时候，就要看清楚这笔贷款业务，如果是用来投资固定资产，那就不可能在短期内归还，因为没有这个能力，除非是当成产品生产，像住房一样。房地产是这样，他有的时候既是劳动对象，又是劳动手段，自己用了就是劳动手段，卖了就是劳动对象了，房地产就是这样特点，它卖掉了就是产品卖掉，钱就回来了，很多其他企业拿这笔钱去做什么，性质要搞清楚，包括有的企业去炼油，如果是纯粹去进油那就不怕，油进来以后，只要卖掉就可以还钱了，因为本金全部在那里。但如果要去改造设备，做什么加轻装置、码头，那就是固定资产投资了，年限就会拖得很长，当然，拖得很长也不怕，但一定要把性质搞清楚，长的来按长的来，短的来按短的来，这样债务管理才有依据，要不然就没有依据了，只知道要钱，到底要多少钱才是经济规模，自己都没数就往下做，后面怎么管，没办法管，再聪明也不行，所以说，在说财务预测的产品成本和销售收入、利润和贷款偿还能力的时候，对于流动资金贷款和固定资产贷款一定要看清楚，而现在项目评估贷款里，基本上是属于固定资产贷款，这个性质，基本在测算的时候要按照折旧和利润的能力来测算贷款偿还期，而不是像以流动资金那样一次性归还，因为流动资金贷款的归还期只是在 2—3 月之内，多不超过一年。而固定资金贷款起步一般在 1 年以上，有的 3 年、5 年、10 年，像大项目有的是 10 年，项目预期就是 18 年了，有的归还到第 4 年就全部归还。

第八部分是财务效益分析。这个部分主要计算几个重要的一级指标，一个是投资利润率、贷款偿还期、财务净现值，这个就是 Npv 了，这个是前面我们讲的一些货币时间价值都在里面运算；另外一个是盈亏平衡关系分析和敏感性分析，这里面有一部分是属于静态分析，贷款偿还期也是静态分析，很多净现值和内部收益率以及敏感性分析是属于动态分析，凡是代表货币时间价值这种方式进行测算的时候，就是带着复利功能进行测算的都称之为动态分析，而不带这种则称为静态分析，其中，内部收益率的测算则是核心中的核心。那么这个计算出来了，项目能上不能上基本上就判断出来了，如果这没出来，那么用其他数据也可行。因为前面七个部分都围绕这个表，就是内部收益率这张表来进行，包括投资、销售收入、产量、建设期、寿命期等都在表上出现，然后就知道内部收益率是多少。所以，项目评估就是一个指标，是一个比较动态指标，这个指标一旦知道，再知道内部收益率是多少，只要高于10%～12%，那么这个项目就是可行的，反之，就不能干。但是这个指标需要大量的数据才能算出来，不能瞎算。财务效益分析可以说是项目评估中最重要的环节，前面所有的数据都在这个地方集合，又都在这个地方进行运算，而所有的第一次结果都在这里出来，在这个基础上所产生的一些弹性分析，在数学上叫弹性分析。

第九部分就是国民经济效益分析，国民经济效益分析就是纯收入率，纯收入率里面就用到影子价格、影子利率。在这里面折旧都算收入，应该算是国家的收入，国家的劳动消耗，物化劳动消耗。另外，价格是个经济价格，经济价格不是以国际价格为准，而是以整个社会资源配置为准，整个配置价格就是平均价格，这个大量供应的价格，就是国际市场的价格。那么这些价格都来自于世界各国的交易所，有到岸价格、离岸价格。凡是大项目都是有很多的主要材料，这些主要材料从哪里来，国际的影子价格是多少，然后跟本地的价格进行比较，比较过以后才知道成本是多少，国家合算不合算。那么在这里面涉及又到了影子价格、影子汇率，内部收益率就不是企业原来的内部收益率了，就是经济内部收益率，就是从国家层面看到的。我们国家的资源在最优配置的时候是进口还是用本国的，这个价格如果采用世界平均价格，那么建议不要用国家的，直接进口，资源的最优配置要考虑这个问题，然后还有必要的辅助经济效益分析以及敏感性分析都在这一章。敏感性分析主要采用各种敏感性因素，代入以后再看内部收益率的高低，这里面通常用到七个因素，内部收益率出来以后知道是一个固定在 12%～13%，用的是原始所采集的一套数据，当销售价格上升了，内部收益率产生多大的变化，变化是多少，上升 1%？2%？3%？……或者下降了 1%？2%？3%？……这就是敏感产生的一个区间，上升和下降，销售收入的变化和敏感性因素对整个内部收益率会产生影响，以及影响多大，这是一个敏感性因素。同样，建设期如果推迟了 1 年以上，推迟了 2 年、3 年后，原材料涨价了，涨价了 1%怎样，2%怎样，3%怎样，销售量缩小了或扩大了，再往后投资如果还要增加，增加多少，会变成什么样，这都是敏感性因素，就是在项目当中这些因素一旦出现以后对结果都会产生影响，那么他里面有个相关线性关系，这个相关线性关系就是他波动多生，产生多少，最后把这个动态的线性关系再跟盈亏平衡分析放在里面做一个对比，盈亏平衡分析是一个静态分析。比较简单，就是一个盈亏平衡点，就这几条线，这几条线划出来以后，当这个敏感性一出现的时候，敏感度是多少，然后是否落在盈亏平衡区间内，或者在这之上，只要在这之上就没问题，哪怕是销售收入减少 10%，或者销售价格降低了 10%，产品成本提高了 10%，建设期推迟了 3 年，最后生产出来的东西还在这个盈亏平衡点之上，那就不怕了，这个项目肯定能干了。

第十部分概率分析。概率分析实际上就是选出几个比较重要的敏感因素，一个就是从销售，一个是从生产，一个从市场。那么销售生产出来的产品能够销售100%的产品可能性有多大，销售60%的可能性有多大，销售30%的可能性有多大，根据这个进行预算。而这需要用到一个经验数据，可以采用抽样的方法，抽样之后，运用概率运算的模型将其算出来。

第十一个部分是总结和建议，也称之为总评估。总评估实际上就是根据总评估结果形成决定性意见，形成决定性意见的话在一般的项目评估过程当中通常都是肯定，就是这个项目是可行的，是有发展前途的，然后介绍他的优势，但是后面必须要达到的条件，几条建议。例如，销售收入无论如何在什么样的情况下都要保持在多少以上，如果达不到就不能上这个项目。还有筹资银行只能筹资贷多少比例，必须要筹到多少，然后银行只能配30%、50%，然后才能干。还有一个关键技术必须达到一个标准，然后这个项目才能上，实际上你这个总结和建议总评估实际上是对企业做一个最后的要求，这个最后的要求如果没达到，这个项目就做不了，如果达到了，这个项目就能上。那么总结一下项目评估是什么？我们评了那么多项目，项目评估报告就是一个拐棍，投资者拿着这跟拐棍知道哪深哪浅，就是探一探这个地方有多深，那个地方有多浅，把这个项目整个情况看到有深有浅，基本上都知道底，那么最后下决心上与不上由他自己决定，评估者不能决定，因为这里面最后有几个约束性条款，必须达到几个目的，如果能够达到肯定上，如果达不到就自己去看，有多大把握，但是这个评估完了以后一定清楚这个项目是能上还是不能上，因为这里面经济指标分析是非常到位的，这个数据的来源是非常清楚的，然后最后说明贷与不贷、贷多贷少、期限长短、利率高低，以及有关贷款的签约，支付和偿还的条件。以上就是项目评估的整个内容。

接下来就是工作流程。就是每当你进入一个评估项目场景当中以后第一步你要做什么，就是要建立一个项目评估的工作计划。跟做其他工作一样，要有一个计划，没有计划的话不能乱来，当做到第十个项目的时候头脑才清楚，做第一个、第二个、第三个都很盲目的，就知道照葫芦画瓢，画的什么就是什么，它里面很多必然的关系都不知道，当做到第十个项目，基本上他的内在关系，哪个数据哪里来，组合成什么样，重要性是什么，哪个数字一调整，哪个数字就发生变化，变化的程度是多少，知道后面做到一定量才能够做出总结。第一个我们要制定出项目评估计划实际上就是人的分配计划，一般的项目评估至少要3~5个人，一般要7个人，每个人都要有分工，每人分一块，分一块以后就把这一块工作按照项目评估的要求去收集数据，然后把这张表的数据计算出来，计算出来以后最后在总审，总审的这个人统筹的能力是很强的，每个数据之间的衔接很重要，有时候衔接的不上，什么原因要找出来。

第二个是企业调查，企业调查解决的问题是专门有人是调查项目企业的概况里面的所有数据，这里面主要的东西是里面的财务报表，这个财务报表一般都是前三年的，就是项目投入期的前三年，每一年的年报，这个年报经过审计是最好的，即便没有经过审计的话，这个报表只要是年终决算报表的话，数据也是有一定连贯性的。另外这个三张表，一个是资产负债表，一个是利润表，一个是流量表，但实际上整个全套财务报告里面不止这些东西，还有很多东西，例如财务分析。这三套东西拿到手以后才能把企业调查第一个部分做完，就是财务报表这一部分，企业的规模、利润、销售、产品的生产过程、市场状况这些东西都得要有，还有领导班子状况，企业有多少人，部门有多大，过去有党委厂、支部厂、总部厂、什么科级厂、团级厂、处级厂、厅级厂等，现在就是一个企业一个项目，独立去做就完了。这就是企业调查，企业调查也是一项很细致的工作，收集资料的时候主要靠企业提供，当时没有互联网，现在有互联网调查就简单很多，企业的基本状况、要素一个个在里面出来形成企业概况和后面的一些原始数据。其中，原始数据有的从财务报表上来，有的从统计报表上来，有的从行业的指标等各个方面统计而来，甚至还有从银行来，这些指标汇总在一起完成企业前期调查。

第三个就是项目调查，项目调查和企业调查重点不一样，项目调查主要看这个项目的先进性和同一性，以及项目市场的可容性。可容就是容纳的力量，如果全国一样的项目上了20个，那市场的供求就发生变化，如果全国项目一个都没有，那这个市场又是另一个状况，这个都是围绕市场在做。这个项目的调查从这个项目起应该包括项目建议书、项目可研报告、项目的初步设计和项目的扩大初步设计，然后到评估，整个过程项目都要调查清楚。在这个项目调查过程中都要知道还存在什么缺陷，哪些还没有满足条件。在项目评估报告中的一个章节，包括国际上的研究水平，全世界还有值得为这个项目所提供参考的一些数据，和一些现象都要在里面列出来，这叫项目调查。

第四个是企业和项目概况调查，把企业和项目结合起来，调查企业有没有能力上这个项目，企业的控制能力、建设能力和这个地方的建设条件，以及原有的生产经营模式之间的协调和结合行不行。只要满足了某些条件，并把满足必须的条件列出来，然后一一对照，找出还需要补齐的部分，给企业看的时候，企业就知道要上这个项目必须达到什么情况，还必须努力达到什么样的条件，包括人员、设备、管理、市场，都要考虑进去。

第五个就是市场预测和评估。这一部分是整个项目报告最重要的一部分，虽然，不是核心部分，但是是最重要的一部分。市场预测和市场的调查和评估是这个项目成功的关键,因为项目的成功与失败,最后检验它的标准是生产出来的产品在市场上能不能销售出去,能不能赚钱,同时,还要看清这个市场。例如,中国已经有汽车制造厂30家了,再上汽车制造厂,那么现在市场上的汽车拥有量、每年的增长量、每年的损耗量、报废量都要计算出来,计算出来以后如果形成生产规模,每年再提供多少辆汽车,然后到整个市场上能不能销售出去,都是市场预测的内容和评估的内容。另外在市场上还有一个供应方,因为汽车的制造,它的制造不一样的,他多数很多事备件,直接购外备件,它不可能把每一个备件都自己生产,这样的企业在全世界都没有。我们讲的汽车制造通常指总装,就是个总装厂,总装厂实际上就是总装线。一般总装厂汽车外壳是自己生产的,汽车的轿子都是自己生产的,喷漆也是自己生产的,这个量上去以后发动机都不会是自己生产,它有专门生产发动机的工厂,有专门生产雾化器的工厂,有专门生产曲轴的工厂,等等。分成很多厂生产,那么这些外备件的采购价格、质量,都包含在市场评估里面,即投入物。这一部分是要进行预测的,这样,两头都有了,一头是市场销售状况,一头是市场的供应状况,供应和销售基本平衡,而且项目上去以后能够进行操作。因为项目评估是针对N多个行业的一种经济评价方法,例如在纺织行业,项目评估又有其独特之处。纺织行业的过程很多,第一个过程是棉花变成纱,棉花从哪里来,过去的棉花供应是全国统销的,棉花拿到以后纺成纱,开始是纺成粗纱,粗纱本身也是商品,粗纱也可以对外销售,然后拿粗纱纺成细纱,细纱又是产品,它既是粗纱的原材料,又是对外销售的商品。因为很多的工厂,比如织袜厂、小型染织厂直接就是从大厂里面直接买纱,买纱后自己有织布机,织布机织造更亮的布出来,然后从纱到布又是一个过程,生产出来以后,坯布本身是产品,胚布又是印染下面的原材料,印染出来以后就是服装,然后再进入商业环节,布印染以后又可以成为独立的商品往外销售,在往外销售的时候产生的成本核算,财务方面要讲这个东西,所以,供应方它的各种东西很复杂。在这个市场,纱的供求,包括坯布的供求、棉花的供求,各个环节都有供应问题和销售问题。有的时候市场不好,卖纱布还值钱,有利润可赚,但要看你在哪个环节发力才能把这个项目做得真正有意义,到最后的目标就是赚钱,赚不了钱都等于0。

第六个方面就是技术和建设条件的评估,前文已提过,这里不再赘述。

第七个部分就是财务效益预测与评估。财务效益预测与评估最难的部分是成本核算,成本核算在企业当中有专门成本会计,成本核算在机械行业、在轻功行业,在各个行业的财务核算都不一样,这里面要求对工业会计基础要非常好,因为我们学过工业会计都知道,对不同的核算对象核算方法都不一样,从规模上讲有单件的大批量生产,有单件的简单生产,有单件的复杂生产。什么叫单件呢?造船,都是单件的,其成本核算方法也是不一样的,所有人都围着一条船在造。飞机、建筑业,也是这样,是多次投入,一次回收,因此,不可能形成流水线。当然大的地方也有,飞机生产流水线也有,轮船生产流水线也有,但游轮生产流水线很少,需要定做,定几条船,一条一条的生产,整个生产过程就不一样。而大批量的简单生产,也有很多,例如,茶杯、矿泉水,批量的简单生产,就是上了流水线以后哗啦啦地往下淌了,这种成本核算又有其特点。复杂的大批量生产,像手表、仪表,不同的生产对象成本核算方法不同,在评估当中,折旧、税金,各方面的计算都不一样。我们曾评估过一个烟厂,那个烟厂香烟的产品就不下50种,那么上300万标箱产品,成本怎么算?300万标箱每箱多少钱,怎么算?首先牌子,就有很多个，一个厂里三五个牌子，很正常。每个牌子里所用的烟丝都不一样，烟丝的配比都不一样。所以在生产香烟的配比，价格高的和价格低的投入是不一样的。另外还有带过滤嘴的和不带过滤嘴的；有加长的和不加长的；有铁盒的，有纸包的；有软包的还有硬包的；有扁的还有长的；有粗的还有细的：这么多种产品下来，如果都要核算，很费时间，就需要进行转换系数。

一包不带过滤嘴的烟相当于几包带过滤嘴的烟，是0.1，还是0.2，或者反过来讲，一包带过滤嘴的烟，相当于几包不带过滤嘴的烟；一包高档的烟，相当于几包中档的烟或低档的烟。然后把每种烟的产量都算出来折成一种烟，这个折就是在成本核算当中简单核算中经常用的转换系数。那转换系数是什么呢？以什么作为依据？以价格么？还是以成本，还是以烟草，还是以工时，又有点不一样。那最后我们在项目评估实践中，所采用的当量转换系数的依据通常是占这个产品价值最大部分的东西。香烟，里面占最大部分的是烟丝，烟丝在卷烟行业中是最大的成本。铸造行业，其最大的成本是重量、吨位，按照这个来。机械，按照工时来，因为机械行业的制造，工时是最多的，复合次数多，这个车间生产这个小零件，那个车间生产那个小零件，然后这个小零件和那个小零件配在一起有电气的、有车工的、有车床的、有加工中心的，好多东西并在一起，其工时在里面最多，事实上就是工资和费用在里面最多，所以就拿这个作为计算当量的依据，这样就可以把成本进行全部的转换，转换到最后就变成一种东西，最多两种东西，那么算成本的时候就比较简单了。因为碰到的企业类型太多，在成本核算的时候用什么方法核算最准确，而且从会计上能讲得过去，从成本核算上有意义，必须要这么去算。成本核算好了以后，市场价格在过去由国家计划制定，现在国家随行就市，那就根据价格跟成本之间的差额出具一部分费用，销售费用，除去一部分税金，剩下的就是利润，这是从静态的角度看问题，但这几个静态的数据也非常重要。成本构成就是料工费，大家都知道，材料、工资、费用，那这个各自占成本的多少，算出来以后就知道它们的成本价格了，然后市场的价格是卖到多少。或者你专门生产配件，这个曲轴一个卖多少钱，用的成本是多少钱，成本的料工费是多少钱，遇到复杂的地方怎么办，大致计算一下，这样就把成本部分和销售收入部分和利润部分等静态部分就预测出来了。因为原来只要进行改造或者投资都有一个生产规模，这个生产规模称之为生产纲领，在整个项目的建设过程中的生产纲领，生产规模和生产纲领就是产量达到多少，达到这种经济批量时候用什么经济规模来做，这个静态的东西出来以后才能谈到后面动态的东西，就是用后面时间价值在项目寿命期内可以折算出来，能够倒算出来，或者正算出来，最后的收益率在多少，过程就是这样的整个过程。

那么这个在项目评估当中是核心，重点是市场，核心是成本，这两个非常重要，这两个部分找准了，其他所有的分析都是在这两个基础上进行，这两个基础没有，其他东西都没有，这两个东西里面的真实性非常重要。所有的数据来源必须都要有依据，这就是在财务项目评估第七章里面解释过的核心部分。

国民经济效益评估主要是个影子价格的换算，还有一些汇率政策，还有对国家造成多少贡献，这个是在财务效益预测评估后对里面某些指标用国际上的影子价格把它换算一下，然后重新计算一下它的财务效益，这时候出来的效益就是国民经济效益了，就没有企业什么事儿了，这个时候往往跟企业效益是不一样的，有的是国民经济好，企业效益不好；有的是企业效益不好国民经济好。那么到后来的大项目，经过国民立项的，通常把国家经济效益放在第一位。而企业就少赚点钱，你算到

12就可以了，内部收益率算到11、12就可以了，但有些是企业独立的项目跟国民经济效益不搭，那就用企业的内部收益率，因为国民经济效益评估里也有个内部收益率，运算方法完全一样，因为说采用的指标不一样，原始数据就变了，后面的结果也变了，国家的国民经济效益好还是企业的经济效益好，可以做个对比。

国家经济效益评估做完了以后就到了风险评估。风险评估分三部分，一个是敏感性分析，一个是概率分析，一个是盈亏平衡分析，这些分析都是敏感性分析，而分析出来以后就知道有多大风险，哪些地方出现这些因素以后会出现哪些后果，而这些后果在投资的时候就要考虑好，然后在建议里要提出不足之处，提出来以后我们才对他负责任。因为项目评估每到最后都需要有个总的汇报会，参与的部门是主管部门：银行、财政、政府、企业、企业主管单位，另外，参会的还有股东、投资者。会议期间，评估单位把评估报告全文通读一次，并做出解释和解答，因此，这个会议非常重要，会议开完整个项目评估才算结束。每次这个会议至少要一天，读这本报告要一天的时间，各个部门还要提意见，大家在一起讨论和决策，但里面有很多的数据，报出来以后企业有不同的认识。并且马上要验证，验证这组数据哪里来的，把那数据找到，找到以后才能决定这组数据能不能采用，采用过后结果又是怎么样，才能决定这个项目，所以评估小组才能决定这个项目能不能上。

最后一个环节是总评估，总评估就是总结与建议，其实就是把前面所有运算的指标和结果在最后这个环节里报出来，报出来以后一条条列好，然后企业在上这个项目的时候把这个作为制定计划和防范风险的依据。

另有几张表，第一张是投资来源和支出预测表，这张表非常重要，就是投资计划。我们看上面一个投资来源一个投资支出，投资来源有贷款有自筹资金有流动资金，第一年是多少钱，第二年是多少钱第三年是多少钱，这些都是投入的，然后是用多少人民币多少外币，都要计算出来的。这是来源。然后就是支出运用方，投资支出、建筑工程、设备安装、国外进口设备、进口设备的海运、保险费等其他费用、技术转让费、进口设备关税、国内设备费、土地置用费、不可预计费……不可预见费，在我们项目评估中经常出现，一般有个比例，5%~8%之间，就是你不知道是什么，但你非花这钱不可，到时候才知道，然后把这个额度一定要把它框出来，还有其他费用，还有流动资金，但流动资金不是这个，投资里面的主要内容，这个要形成生产化，你光有固定资产、光有项目，没有流动资金也无法运转，但这个都要测试，放上去。最后也可能有一条流动资金不足这个项目也不能上，但是当你项目形成以后，流动资金的来源好像就容易取得了，因为你已经证明这个项目是没有问题的，就会有人愿意提供给你流动资金了。这就是投资来源的资金预测，这里面几个过程，一个是来源方，一个是运用方，一个是每一年来源的时候要投入多少，运用要运用多少，一般这个我们统称为投入期也叫建设期，就是项目分几个期，一个是建设期，一个是达产期，总的加起来叫项目寿命期。这个寿命期一共多长，也就是我们计算所有数据的时间长度。

第二个是产品成本预测表，这个表的截面也就是料工费，原材料、辅助材料、工资，还有其他费用构成这个产品成本预测表，如果产品多的话，就要进行当量换算、系数换算，换算以后把它折成很少的一两个代表产品，这样就把产品成本计算出来了。

第三个是材料和能源预测表，就是原材料和能源，因为产品成本是料工费，它这部分把材料和能源专门列出来，也要有一张表，这个表就简单一点。

第四个就是固定资产折旧预测表，因为它形成固定资产还有个固定资产形成率的问题，你投入这么多钱，你投入一千万，形成的固定资产，未必值一千万，因为这中间有很多固定资产被损耗了，还有其他的原因，或者还要增加。其形成率一般都是减少的，例如投资，投资1000万元，可能最后固定资产形成不一定是1000万元，可能只有900万元，其中还包含其他的费用，最后在计算固定资产折旧的时候最重要是固定资产形成率，一个是固定资产投入，一个是固定资产形成率，最后才能算出固定资产折旧。折旧率不同行业又不一样，每个行业都有每个行业的折旧率，有的高一点有的低一点，有的时间长一点，有的短一点，但是我们通通有一张折旧预测表在里面。

第五个是销售收入和税金预测表，税金是跟着销售收入走的，一般来讲销售收入大，税金就大，税率现在都是固定的，但不同行业的税率又有所区别。那么过去以销售作为依据计算的税种有很多种，现在少了，现在很多地方就只有营业税。

那么以销售收入为基数计算税种现在目前还有其他的一些税种出来，像增值税，我们那时候还没有增值税这个说法，但都是跟销售收入有关，跟成本有关，跟这两方面有关，增值税是跟两方有关的东西，算的是差价。税金里面很复杂，里面有三大块，第一大块是以销售收入为基础的税，第二个是以固定资产为基础的税，第三个是以利润为基础的税，都不一样。以固定资产为基础的税，里面含有国有固定资产占用费，固定资产一个折旧，当然，跟税金也有关系，还有能源方面的税……还有以利润为基础的税，所得税。

第六个就是利润预测表，利润预测表实际上就是销售减去成本减去费用变成了利润，利润当中又分两块，当时我们在解决还款来源的时候，利润当中有税前还贷，就是在交所得税之前先把贷款还了，这样一来就等于国家让一块所得税，退税还贷，它是这样的政策，当然有的时候抓的紧的时候不这么做，不给你税前还贷，必须缴了所得税以后剩下的钱再给你还贷，这样企业就吃亏，企业用来治病的钱救少了。如果税前还贷，国家拿一部分税收还给你，这是一种政策，现在可能还有，一些项目在评价过程中可能还有，这就是销售收入、税金的预测和利润的预测。

最后一个就是贷款偿还期的预测，这个也很简单，就是根据每年的利润用来还贷，像这种项目贷款的还贷，主要是根据每年的利润，可以用来归还贷款的利润，和它每年的折旧，加起来，再根据产量、销售量的变化，它每年也产生变化。变化以后可以计算出来贷款偿还期，贷款偿还期可以计算到天的，可以计算到日，可以计算到非常准确。

盈亏平衡分析，这个方式就比较简单，在进行盈亏平衡分析的时候假设成立几个条件，第一个就是生产成本是生产量和销售量的函数，就是生产量和销售量的变化是取决于生产成本的变化，这两个有线性关系。第二个是生产量等于销售量，就是生产多少卖多少，有这个前提在里面。第三个是每批生产量的固定成本是相等的，大规模生产当中他是有批次的，每个批次中的固定成本是相等的。第四个是可变成本和生产量成固定关系，可变成本是跟产量形成函数关系的就称为可变成本，比如工资、原材料，产量越多，原材料肯定越大，工资肯定越多，就称为可变成本。第五个是各产品销售单价在各时节都相同。第六个是销售收入，是销售单价的线性函数。销售单价一定、销售量一定，然后销售收入就一定了。只要有一项变了，销售收入就变了，两个是这样的关系。固定成本是指企业的开门费用，即不生产都要支付，包括管理员的工资、固定资产的折旧、日常开支，等等。

从下图可以看到，A 的部分是固定成本，这个固定成本随着产量的变化固定成本不变，跟 X 轴是条平行线，开门费用，你不管怎么说都要付这笔钱，然后我们再看这 D 这根线，D 这根线就是从 X 轴和 Y 轴的焦点是 0，它不销售就 1 分钱都没有，它根据产量的变化是个线性关系，直接拉到上面去，这是 D 这条线。A 这条线是总成本，总成本也是跟产量、跟销售呈线性关系的，也是直线方程，然后随着长的变化进行变化，然后这两条线到 B 这个地方进行交叉了，这个交叉就是 X0 这个部分，这个点就是盈亏平衡点。画了圆符号的地方就是盈利区，下面阴影部分就是亏损区，这是一个很简单的盈亏平衡分析，就这个关系，在我们计算成本的时候经常用，这个地方估计半个小时就可以搞定，没有什么更深刻的东西。

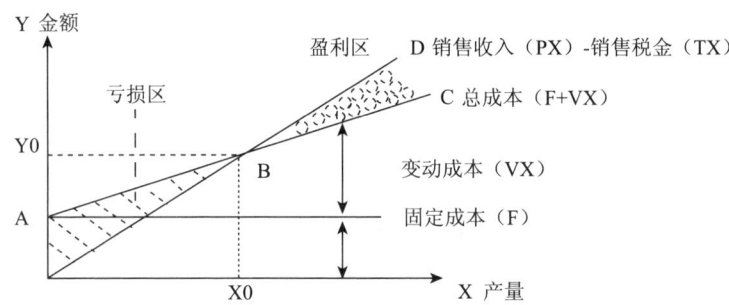

（1）以生产能力利用率表示盈亏平衡点 B_S，表明企业保本所必须达到的最低限度的生产能力。

$$B_S = \frac{总固定成本}{销售收入 - 销售税金 - 变动成本} \times 100\%$$

（2）以销售价格表示的盈亏平衡点 B，表明企业不发生亏损所必须达到最低销售单价。

$$B = \frac{产品单位成本}{销售单位 - 单位税金} \times 100\%$$

动态分析里面包含现金流量、货币时间价值、现值、将来值、折现率和折现系数，项目的现金流量又称为资金流量，是项目寿命期内资金流入、收入和资金流出和支出的流通量。总的资金流入和流出之差叫净流量。那么总的资金流入包括什么？就是什么是资金流入？它是包括销售收入，只有在建设期完成有销售的那一年才有销售收入，还有固定资产残值的回收和流动资金，这是项目最后一年，因为最后一年项目结束了，固定资产的残值还会变卖一点钱，卖的再少都能卖点钱，这算是现金流入。还有一个就是流动资金，东西都卖完了，就结束了，理论上是这样的，现实中可能没这么整齐。现金流入就包括这三个部分，销售收入、固定资产残值的回收、流动资金。总的资金流出包括固定资产的投放，固定资产的投放主要是在建设期，都是资金流出；然后是流动资金，还有每年生产当中的经营成本，经营成本当中主要是销售成本减去折旧部分，另外还有技术转让费、销售税、企业盈利后应交的所得税和条件税等，这都是流出，在这个项目当中属于流出。项目的净流量相当于整个资金流入和资金流出之差。

然后，货币的时间价值，就是复利的问题，就是现值，将来值、折现率和折现系数，这很重要，货币的时间价值就是一定数量的货币储藏起来，数年之后其价值不会变化，但是同质同量的货币作为资本投入生产与企业其他的生产要素结合起来就会带来利润，使自身增值，这种现象叫做货币的时间价值，因为其本身不会变，投入生产才会变，借给别人才会产生利息，别人拿到钱，不动就还不了利息，肯定是投入生产，利润才形成利息，是这个原理。把一笔钱存入银行，数年以后这笔钱就会大于现在这笔钱，相反，将来的钱减去利息就等于现在这笔钱。这就是货币的时间价值。事实上利息是企业利润的一部分，分不开，这个原因。所以，企业跟银行始终是一家，他们共同的目标都是市场，如果市场不好的话，银行利息就是收不回来。

下面要从整个文字的模型，现在来看将来值就等于现在值加利息、复利；现值等于将来值减去将来的复利，这个很好理解的，主要是代银行信用。因为计算机的复利也就是折现利率，折现率在国外是按照资本的机会成本去确定的，国内一般以市场利率或一般企业的盈利为基础，结合国家或银行在选择项目时的政策确定的。折现率就是标准折现系数，就是这些东西，当内部收益率高于折现率时，这个项目应该能上，低于这个项目的时候就不能上。因为这是机会成本，如果不做这个我去搞这个我也能赚到钱。一个货币单位在不同时期的现值称为折现系数，如果折现率不变，第 N 年折现系数就算一下，实际上有表，就是这个原理。所以可见折现系数是货币单位复利值的倒数，也就是折现率和年数两者的递减函数，比如一块钱的人民币按 10% 的复利率计算，十年后为 2.594，因此，10 年后 1 元人民币的价值就是 1/2.5945 = 0.386 元，这就是折现率为 10% 的情况下，把 10 年后的货币折成现值的"折现系数"，就 0.386，那么一块钱到今天用 10% 的折现率就只有 3 角多，这也很容易理解。这个模型已经好多年了，实际工作中将各年的现金流量乘以折现系数即得其现值，还不称为净现值，净现值还要累加。

如果几年内净资金流量相同，折现率不变，为减轻计算工作量，可采用年金折现系数一项计算。这个可以用电脑计算自动出来了。年金折现系数就是每年金额相同的若干年折现系数的累计数，利用年金折现系数计算现值时，把净资金流量相同的最后一年金折现系数与净资金流量相同的第一年的年金折现系数之差，乘以相同的净资金流量即可求得。这个看下就行了，搞清楚原理就行了，应用的时候只要用电脑就行了。

第三个就是列表计算项目净现值并进行分析，这就涉及到现金流量计算表，投资项目净现值是指整个项目寿命期内每年发生的资金流入量和资金流出量之间的差额，按照规定的折现率折现到项目实施期的现值，寿命期内各年的净现值相加，从而求得整个净现值。表中第一行现金流入，现金流入有现金流入整个项目，现金流出有现金流出的项目，然后把这个累加以后现金流入减去现金流出，项目就是现金流量，每一年都有，横轴如果是18年的话就每一年都有，每一年都有这个现金流量，然后拿这个现金流量乘以净现值系数，就等于净现金流量，净现值了。越走越远，越远就越小，然后就把这个累加起来，从负的开始，然后到了后面才变正的，一年一年加上去，看最后是正的还是负的。如果是负的那就肯定不能干了，肯定要是正的，正的多少，等于零的时候的折现系数就是内部收益率，这样计算出来的。

所以说，项目的净现值为正数说明投资收益水平超过了折现率。相反项目净现值为负数说明收益水平低于折现率，就低于折现成本，除收回投资外，支付贷款利息都会发生困难，因此，此项目在财务上是不可行的，在进行多方案比较时要采用同样的折现率和折现时，净现值越大越好，越多以后计算净现值肯定是越高的。下面对内部收益率的动态进行分析，内部收益率就是项目寿命期内资金流入的现值总额与资金流出现值总额相等而净现值等于零时的折现率。

那么内部收益率的计算一般采用试算法、内插法，就一个一个往里面插，具体的步骤如下，如果原来求得的净现值是正数就用比净现值更高的折现率进行试算，第二如果净现值还是正数就继续升高折现率，直到试算的净现值下降到接近0为止，第三，再升高折现率，直到折算出一个负数的净现值，如果负数过大就降低折现率，再测算，直至负数接近于0。就是在0的周围两个折现率，要找到这两个根据接近于0正负两个净现值的折现率根据抽入法求得精确的内部收益率这就有公式，正负净现值的两个折现率的差距不能超过百分之五，就在0的两边，它的绝对值不能超过百分之五，在百分之五以内就是准确的，然后就用下面的插入法计算公式，之后把偏高和偏低的都找出来就好算了，然后内部收益率等于偏低的折现率加上偏低折现率的净现值乘上两个折现率的差额比上两个折现率的净现值绝对值之和，这就是公式。然后再进行运算过程，例如，项目营运期间投入的现金流每年净流出 1 万元，生产期每年净现值流入也是 1 万元运用插入法计算内部收益率，这样就可以算出来现金流第一年是负的，第二年也是负的第三年也是负的，第四年变成正的，第四第五六七八都是正的可能还有第九第十，这现金流是通过计算下来以后的现金流，npv 就是内部收益率，还有 ir 的净现金流量整个就可以算出来了，那么在最后一年还有一个固定资产回收在上面已经抵消掉了。因为最后算的现金流就一样假定一样，不会一样的，例如，插进去这个数的时候，插 15 的时候是这个数；插 14 的时候是这个数；插到 13 的时候是这个数；然后插 13.95 是这个数；然后插 13.94 的时候是这个数，这就是靠近 0 的两个结果，这就是插入法这是整个项目评估当中最难的最烦的要有耐心。但是电脑全能解决掉，只要把这个输进去以后就不要你算了，直接就出来了，那么这个数字算出来以后就知道这个数字能上不能上，如果不能上，那么还有一个也能做，就看哪里出问题了，为什么上不来？是销售收入，还是成本的问题，是生产期长的问题，还是项目的问题，是建设期太长了还是其他原因？分析过以后提出建议，是直接把几个指标调整一下这个就能做了，还给个建议你们调整。

内部收益率的分析，内部收益率能够把收益和总投资联系起来指出项目所能承受得最高利率这是评价，项目好坏重要的指标之一，一般的说，项目内部收益率大于基准收益率说明该项目可行越大盈利水平越高承受风险能力越强，实际上讲最后内部收益率要高，越高越好，下面就是动态分析当中的三，敏感性分析在前面做了一些铺垫了，敏感性分析包含九个敏感性因素，这些都有可能在项目的实施当中出现，投资总额变化了内部收益率肯定发生变化，工期的期限会延长也一样发生变化，那么达到生产能力的时间会推迟，生产能力的发挥程度原材料、能源价格的变化销售价格的变化产品提前老化产品市场和需求能力变化经济政策变化都会造成项目最后收益的变化，也就是内部收益率会发生变化，那么在实际工作当中有可能更多，但是只选择几个最重要的，在进行评价的时候一般最多选到七个，不会再选到九个，有时候只选到三个，在最后向投资方进行报告的时候，给大家选择的机会更多一点，这样就知道在哪个地方用力量，能够使我们这个项目的收益更好。

第四个部分就是国民经济效益分析，第一步就是调整价格，第二部是影子概念，影子概念刚才我已经跟大家讲过了，影子概念就是国际的平均资源配置最优时的价格，他就是我们目前真实价格的影子，这么去理解的，然后要用这个影子最后实际上就采用影子价格来计算国民经济效益分析，这就是资源最优配置时候应该是什么样的，因为影子价格是资源的稀缺性所造成的，在不同的地区稀缺程度不一样价格是不一样的，本质的反映这个商品的真正价格就跟国际债务进行清算的时候和两国货币汇率制定的时候，他用的一个铸币评价，是这个的真实购买力，实际上影子价格也是反映的这个东西就是资源的稀缺性，到最优配置的时候，这个稀缺性的价格是多少？当你懂了这个道理以后，你就知道在运用影子价格以后原来在资源配置的时候这个影子价格是这么多，不是实际价格，我们人民币跟美元之间的汇率，为什么要一比六啊是有原因的，购买力是一一对应不起来的，一个美元在美国所买到的东西跟一美元在中国买到的东西是不一样的，他消费结构不一样，他实际的购买力用到里面的注意比较，把他换成黄金和贵金属之后他之间的比例，是这样一个东西，一个国家的币值也有这个方面的原因，跟他的货币发行量有关系，跟他的劳动生产率有关系跟他的产品质量有关系跟他的市场供应也有关系，这点就讲到货币上去了，这个我们就不多说但是也要懂。因为你们学金融专业的应该懂的。

然后往下是煤矿油的生产成本这个都是作为燃料的，能源是所以工业的基础，没有哪个行业不要能源，他是个共性的原材料，电也一样，高耗电的企业在国民经济效益分析当中通常是减分的，那么国民经济也有内部收益率，他的计算方法是影子价格调整后的价格所计算出来的现金流量，然后用这个现金流量再计算内部收益率。

另外还有税和折旧是算流入的不算流出是倒过来的，算国家收入，国家的资源得到了有效使用，因为折旧回来了有这个钱，本身有投入使用是没消耗的，税给国家收走了变成财政收入了这也是收入，这是这个项目投下去了以后产生的收入，像我们在做银行贷款的时候，企业钱还不掉的时候经常理直气壮讲一句话："我还缴那么多税呢"。这是我对国家的贡献，那么在国民经济效益当中这部分就当做对国家的贡献，项目投下去产生税收也是这个项目所新增的价值，只不过分配和支配使用上不归企业，是归国家，是这个原因，最后就是就业率和创汇能力的，就是每个国家都要跑，一个是考虑到国家的充分就业，充分就业实际上是劳动力的价格和生产水平，是这个问题，后面主要是国际贸易就是我们国家的产品在国际市场上在怎么样，因为整个市场已经是完全开放的市场了特别是互联网金融，互联网世界已经到现在所有的东西已经国际化了，所有现在人民币也要逐渐的走向国际化慢慢的跟美元之间所形成的一些竞争都会产生那这产生以后国际贸易，包括我们每一个项目下去国际上会产生什么影响，对国家会产生什么好处，这些东西再我们的每一个项目当中都会体现出来，所以在国民经济效益分析当中。这几个主要的概念和里面的内容希望大家能够掌握。

接着，是静态法和动态法的主要区别。静态法里面主要的收益额利润，但在动态法里面主要是净现值，静态法里面的收益率是投资利润率是静态的，就是投资这么多钱，每年能得到多少回报，投资利润率分母是总投资分子是每年的利润，一算就知道投资利润率是多少，内部收益率是动态的他是整个的一个寿命期里面这么算出来的，这是动态法，不确定性分析呢这个静态就是盈亏平衡分析，还有一个就是敏感性分析是动态法，动态法里面这个敏感性分析对这个项目最终是否使用和注意哪些重点方面起着非常重要的辅助决策作用，投资利润率就是正常销售生产，正常年度产生销售利润总额每一年的跟项目投资总支出比一下乘100然后项目总投资支出等于固定资产投资总支出加流动性资金，贷款偿还期等于建设期加还款年数加最后一年的月数这是贷款偿还期，还款的最后一年的月数等于年初贷款累计加本年应付利息本年还款资金总额除12，这后面有这个表，按这个表填就行了，很好运算。

最后一个分析就是概率分析，概率分析我用实例来讲大家比较容易理解，我讲个实例大家马上都知道了你比方对某建设单位项目的销售收入进行概率分析，我们通过分析正常生产年度项目产量为500万单位5000万单位，叫5000万吨也可以，叫5000万辆也可以，叫5000万个也可以，销售单价为0.2，2元也行，2角也行都可以，产品全部销售收入为1000万元，第一步找出影响效益主要的因素，我们一般选择市场需求量这一不确定性因素假定根据资料分析市场需求量有三种变化，需求就是销售，跟销售直接发生关系，一种是需求量非常大，使项目的产品全部销售，销售收入为1000万元，第二种是需求量一般，使产品销售80%，记销售收入为800万元，另外一种是需求量小，使产品销售只有65%，销售收入为650万元，这是三种不确定性因素，大中小，不管什么产品都可以用这个方法一个是大，一个是中，一个小，都可以把他套进去，第二个是概率啦第一步根据统计资料分析，市场需求量大的可能性为0.1，就是全部销售的可能性只有10%，需求量一般的可能性为80%需求量小的可能性也是10%，两头都不怕，就中间大，第三步就是计算期望值了，先列出市场需求量这一随机变量的分布，这概率分布我们用文字来表述就是需求量大一般小，100万元，800万元，650万元，1000万的概率是0.1，800万的概率是0.8，650万元的概率是0.1。

那么下面就算期望值了，期望值就好算了0.1乘1000，0.8乘800，650乘0.1加上全部最后等于850万元，第四步计算标准偏差，标准偏差也称为执行区间，就是可能性为850万元的标准偏差是多少，标准偏差如果为90万元的话那么就是他获得这个期望值，这个期望值里面有个标准偏差的问题在这个上下多大的一个波动区间内，那么标准偏差计算出来就用这个公式，这个就是模型。算出来以后这个标准偏差是79万，用这个加减79万，加上79万就是上线，减去79万就是下线，然后可能性为68%，获得收入为647万和963万的可能性为95%，拿这个标准偏差然后算出来三种可能性为98%，那么经验概率一出现的概率是68%，二出现的概率是95%，三出现的概率是98%，就是三倍的区间，这样一来的话，最快的可能性，就下限是568万，销售收入可能达到568万，结合盈亏平衡点是否落在此区间进行综合性分析如果我们的下限是在盈亏平衡点之上的话那就很安全了，如果在他之下的话那就不安全了，这两个结合一分析就知道了，这部分的运算完全是数学计算这个不重要，像你们本科过来的运算这个不成问题，统计概率里面专门有这个运算公式，只不过我们这个最后的概率分布，采用的经验概率而不是市场概率，市场概率运用正态分布的那个叫烂数法来推的话，一比较费事，二没这个必要就这三个够了，大中小这三种可能性够了，基本上我们在进行概率分析的时候最后算出来的结果基本上是准确的，后面就是几个表啦，投资来源和支出预测表刚才我已经跟大家讲过了，第二个是产品成本的预测表，这里面的料工费是全有，原材料辅助材料及其他费用就是现在工业会计里面的一些东西，直接填表就行了，变动成本是多少，固定成本是多少，这都能算出来的。A产品、B产品如果讲有N多种产品就都折算成A产品B产品，这里面的转化系数，构成产品成本最大的部分把这个作为当量的系数这就好算一下就算得出来了。在进行评估的时候按照新的规定执行就可以了，还有个固定资产形成率，投资一个亿下去，最后的固定资产形成不是一个亿，形成率只有90%，有损耗还有其他东西。

第二就是贷款偿还期要新增基本绝对基金，80%用于还款企业留用百20%后，新增基本50%用于还款，企业留用50%这是当时的政策。和一般的国家政策，那么现在的民营企业和对其他的股份制企业,,从财政部门，税务部门还是这样一种规定的话要看现在的财务文件，要看现在的会计准则，和现在财政和税务上的要求，这是销售收入与税金预测表，这张表的难度也不大，这里面A产品B产品要根据当量算下来了以后，在没有达到初期设计能力的时候，然后达到产期，初期，建设期每个时段产量是不一样的，算的方法也不一样，他是跟销售收入是有关系的，这样就算出来他的销售收入，在下面的说明是第一本表销售收入均按实际销售价格计算第二用经济分析的价格。

下面就是其他因素，一是A产品替代进口货币每吨到岸价格是4300美元；二是B产品的离岸价格每吨8300美元这都是一些参数，随意取得一些参数，这是利润预测表，都是会计知识了从建设年份开始这个产品的销售收入，销售税金，销售成本技术转让费还有利润归还贷款的所得税税后利润然后销售收入利润率成本利润率全部都要计算出来。

然后是贷款偿还期,年初每一年都要计算出来,第一年第二年第三年都要计算出来的。然后这个表,你把建设期,年初的本息计算填上就行了,本年贷款本息,本年应记利息,一个一个根据你的贷款数,总额和实际的使用额和归还的速度每一格填满,填满以后就出来了,因为计算也很简单。那么净现值和内部收益率这张表是最重要的一张表,表八,这张表大家好好看看,把他看懂,看懂以后我们计算内部收益率完全是看这张表,这张表是最重要的,上面是现金流入,里面现金流入的项目都有123,现金流出,流出的1234567,全部都算年前流出,然后一减去二等于三就是现金流量,然后净现金流量基本折现系数我讲的就是稽核成本,就是标准折现系数就是百分之十,然后找两个偏高的折现系数,然后再算下来把他填上,填完之后最后就可以用公式计算内部收益率了,在这个项目上用这个参数的话内部收益率计算出来只要高于多少就能做,高于十就可以做,不高于十就不能做。

下面是敏感性分析表,就是变动成本上升百分之五的敏感性分析这是一个很具体的点的数字实际上这也是个动态数据,他可以从变动成本上升或下降百分之五,每一个都可以算出来,从负到正每个点都可以算出来,可以把整个曲线都画出来,画出来以后你就知道如果变动成本上升了,因为变动成本是随着产量变化而变化的成本,多数是指原材料,然后投资回收期的计算表这个静态的就比较好算,根据每年的能够还款的资金来源,一年一年往下累加一直到还完为止,就计算出来了,他的投资金额在这里用来回收的净收益额包括折旧基金利润,可以用来还款的数据算出来以后就出来了,这是动态的一张图,实际上也就是X轴跟这条斜线的交叉点也就是0,这个0的部分就是我们说的内部收益率,就是这个位置。

第二章

企业信用等级评估大纲

上篇：概　述

一、综述

信用及信用需求

　　信用是货币借贷和商品交换中延期付款或交货的总称。其内涵为以偿还为条件和以交至运动为对象。其外延主要涉及古今中外货币借贷和商品交换领域。

　　信用需求是指愿意付出代价而得到对方信用情况的愿望（区别于需要）。

　　我国信用需求来源：买方信用需求；卖方信用需求；内部信用需求；综合信用需求。

信用评估

指对反映企业信用状况的指标进行公正的评价和估算，指标分为定性指标和定量指标。

债券评级

市场经济中，企业筹集资产可采用发行企业债券的方式，为使发行方和购买方能客观进行交易，发债前由专门评级机构进行评级。

股票评级

发行股票也为企业筹资方式之一。通过分析企业的税后盈利率、股价波动性、股票交易周转率、股东权益周转率、短期偿债能力和财务结构对企业评级。

商业票据评级

根据出票人管理质量、经营能力和风险、资金周转速度、竞争能力、流动性评价、债务结构、经营前景等因素，将出票人分为三级。

债券评级表

		莫迪	标准普尔	说明
投资级	蓝筹	Aaa	AAA	最高级
		Aa	AA	高级
	中等货	A	A	中上级
		Baa	BBB	终极
投机级	垃圾货	Ba	Bb	有投机因素
		B	B	投机的
		Caa	CCC – CC	可能不还
		Ca	C	不还，但可能收回一点
		C	DDD – D	很少收回的可能

国际三大评级机构：穆迪、惠誉、标准普尔
国内知名评级机构：中诚信、联合资信、大公国际、上海新世纪

股票评级表

	标准普尔	莫迪	说明
投资级	A +	高级	最高级
	A	可以投资级	高级
	A -	中上级	一般水平以上
	B +	中级	一般水平

续表

	标准普尔	莫迪	说明
投机级	B	中下级	低于一般水平
	B−	投机级	远低于一般水平
	C		
	D	需要改组	

评估对象

（1）指申请信用评估的单位；

（2）参与社会经济运行的各种经济成分的企业；

（3）全民所有制企业、集体所有制企业、个体企业、中外合资企业、外资企业、股份制企业等。

评估对象需具备的条件

（1）必须经县以上主管部门和工商行政管理部门批准设立、依法登记注册、持有证明文件的企业（企业合法性）；

（2）必须是独立核算的企业；

（3）必须是拥有一定自有资金的企业；

（4）必须是在银行开立账户的企业。

二、信用等级评估的指标体系

指标体系

工业企业具体指标

（1）资金信用部分。资产负债率、短期支付能力、应付货款逾期率、贷款归还能力、贷款回收率等（涉及原始数据26个）。

（2）经济效益部分。全部资金利税率、销售收入利税率、全部流动资金周转天数、人均利税额等（12 个）。

（3）经营管理能力。合同履约率、成品资金周期率、资金管理能力、科学管理能力、科学管理水平、领导层次综合能力等（19 个）。

（4）企业发展前景部分。主要产品寿命周期、新产品开发能力、产品出口创汇能力、工艺技术和装备水平、固定资产净值率、经验评价等（15 个）。

商业企业具体指标

（1）资金信用部分。资产负债率、短期支付能力、应付货款逾期率、贷款归还能力、贷款回收率等（26 个）。

（2）经济效益部分。全部资金利税率、全部流动资金周转天数、人均利税额等（12 个）。

（3）经营管理能力。合同履约率、商品资金周期率、资金管理能力、科学管理能力、科学管理水平、领导层次综合能力等（19 个）。

（4）企业发展前景部分。利税递增率、年销售收入递增率、效益、资金对比率、企业发展规划及落实情况、服务质量经验评价等（13 个）。

工业企业原始指标（60 个）

定量指标（38 个）

38 个质量指标具体如下：定额流动资产合计、现金、银行存款、应收及预付款、发出商品、流动资金借款合计、应付及预收款、欠缴税利、流动资金临时借款合计、逾期应付货款、原材料采购款、加工费支出、逾期罚息支出、展期贷款应急利息额、贷款利息支出综述、本年贷款回收总数、年初应收贷款余额、本年销售额、年实现利税总额、流动基金、固定基金、借入基金、拨入基金、专用基金参加生产周转数、商品销售收入、全部流动资金平均占用额、企业平均职工人数、本企业毁约合同个数、应履约合同个数、库存商品平均占用额、在途商品平均占用额、年销售成本总额、近一二年开发的新产品产值、全部产品产值、出口产品产值、固定资产净值、固定资产原值。

定性指标（22个）

22个定性指标具体如下：资金目标管理状况、资金分级归口管理状况、资金自补制度执行状况、财务收支计划编制执行情况、经济活动分析开展情况、质量管理情况、技术管理情况、信息管理情况、计算机开发和应用情况、领导班子群体结构情况、领导专业结构、厂长负责制执行情况、组织体制形式、导入期产品占全部产品产值百分比、成长前期产品占全部产品产值百分比、成长期产品占全部产品产值百分比、成熟期产品占全部产品产值百分比、衰退期产品占全部产品产值百分比、设备装备能力、工艺技术水平、执行国家法令或政策情况、其他印象。

商业企业原始指标（55个）

定量指标（37个）

37个定量指标具体如下：商品及材料、在途商品、现金、银行存款、应收及预付款、发出商品、流动资金借款合计、应付及预收款、欠缴税利、流动资金临时借款合计、逾期应付货款、逾期应付加工费、商品及材料采购款、加工费支出、逾期罚息支出、展期贷款应急利息额、贷款利息支出综述、本年贷款回收总数、年初应收贷款余额、本年销售额、年实现利税总额、流动基金、固定基金、借入基金、拨入基金、专用基金参加生产周转数、商品销售收入、全部流动资金平均占用额、企业平均职工人数、本企业毁约合同个数、应履约合同个数、库存商品平均占用额、在途商品平均占用额、年销售成本总额、上年度利税总额、上年度销售收入、上年度全部资金平均占用额。

定性指标（18个）

18个定性指标具体如下：资金目标管理状况、资金分级归口管理状况、资金自补制度执行状况、财务收支计划、经济活动分析、质量管理、技术管理、信息管理、计算机开发和应用、领导群体结构、领导专业结构、厂长负责制执行情况、组织体制形式、经营前景的规划及措施落实情况、服务态度、售出商品是否执行三包制度、执行国家法令或政策情况、其他印象。

三、参考值

评估参照值是衡量企业在评估期内，指标体系的计算结果先进与落后，判定可获得多少分值的标准值。

由于我国过去对企业信用评估没有开展，以国家信用代替了企业信用，目前评估参照值仅根据我国实际情况，参照同行业和本企业历史先进水平选定。

参照值的指标体系和评估期的指标体系是一一对应关系，选择参照值指标体系时，要注意各指标之间的相关性和总体上的系统性。

参照值选择的种类和方法

（1）以同行业水平为参照值（一般参考国内同行业平均水平）。

（2）以企业历史先进水平为参照值。

（3）以企业的目标水平为参照值（慎重选择）。

（4）以企业历年数据环比情况为参照值（弹性较大）。

综合来看，以企业历史先进水平的年份指标为基础，参考同行业水平指标制定参照值比较切合实际。

四、评估指标的分析和计算

定量指标计算

（1）暂以年度指标为评估基础数据。

（2）凡企业在上半年1—6月（含）申请信用评级的，一律采用上年末指标。

（3）凡企业在下半年6—12月（含）申请信用评级的，一律换算指标，运用月平均数折算全年指的方法换算为年度数。

定性指标分析判断

（1）定性指标弹性较大，没有严格的量的判断标准。

（2）采用模糊的、定性的方法。

（3）通常以好、一般、不良等分析意见作为判定结果。

五、企业信用等级评定

方法一 若以企业历史先进水平或企业目标水平作为参照值，则该指标体系每一项指标的比较结果划分，一般为：

（1）评估值达到或优于参照值水平者，在没有特殊因素情况下，给予该项指标的满分。

（2）评估值与参照值相比，评估值劣于参照值时，差异在10%以内者，按每差异1%，从满分的90%开始扣分，直扣到满分的60%

为止。

（3）评估值与参照值相比，差距大于10%者，可视其情况给予满分的60%以下的分值。

某企业短期支付能力

参照值	评估值	差异	满分值	每差异1%的分值	评分值
55%	54.38%	1%	5	0.15	4.35

（1）参照值为企业历史先进水平。

（2）评估值为其他评估年度数值。

（3）差异 = $1 - \dfrac{评估值}{参照值}$。

（4）满分值为此项评估指标在评估指标体系中应得到分配的最高分值。

（5）每差异1%的分值。即：给予3～4.5分。90% – 60% = 30%变动区间，故30%×5 = 1.5分，从而1.5÷10 = 0.15分。

6. 评分值，因差异在10%以内为1%，则最高分值为满分的90%，即4.5分，按照每差距1%扣分，即4.5 – 0.15 = 4.35分。

由此，设 Y = 评分百分比；X = 差异百分比，定义域：Y⊂（60%，90%）；X⊂（0，10%）；直线方程为：Y = 0.9 – 3X。

方法二 若以企业历年数据的环比情况为参照值依据者，则应根据企业历年数据的增减情况、分析其主客观因素，并预测在确定企业享有等级资格的时间内的总趋势后，酌情评出接近于客观实际的分值。

（1）评估指标体系各项分值确定后，将其分值汇总求得总分，据以划分企业信用等级。

(2) 目前划分等级的暂行标准如下表：

信用等级	评分总值（分）	说明
特级	91~100	信用程度优秀
一级	81~90	信用程度优良
二级	71~80	信用程度较好
三级	60~70	信用程度一般
级外	59以下	信用程度较差

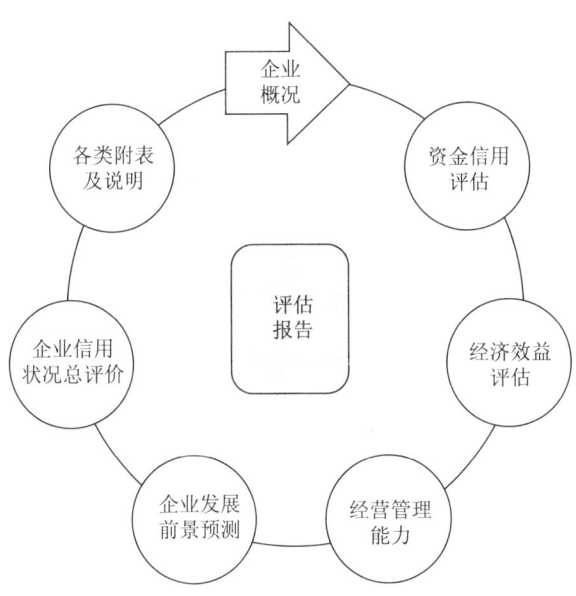

六、信用等级的有效期限

首先，有效期的确定应以企业及三年评估指标体系的计算结果为依据，再参考其波动性情况及发展趋势。通常有效期不超过一年。对于产品市场不太稳定的企业，可适当缩短为半年。

其次，众多因素的变化可能使每一个企业的信用等级发展变动，信用等级期限评定时需具备一定的灵活性。有效期为一年的一级或特级企业需特别慎重。根据企业情况预测近期内的信用状况，定出半年、三个月、一个月的特级或一级信用企业。在一年期内，如企业信用确实提高，可提前评定升级，以支持和促进企业改善经营管理。

七、评估的基本程序

评估的申请和受理

企业向经济信息咨询公司提出申请，填写委托书，由咨询公司登记审定后立项，签订合同。

评估的组织和实施

咨询公司成立评估小组；安排制定评估计划，确定评估工作期限、明确各成员分工及完成期限；深入企业调查。根据评估要求收集资料，账务企业有关历史、现状及前景情况；根据资料分析、计算，按照评分办法给予评分，完成评估报告。

对评估报告进行评审

组织评审委员会，包括经委、纪委、财政、税务、高校等单位人员，听取各方意见，最终确定企业的信用等级。

评估结果的信息发布

特级或一级信用等级企业，颁布《颁布优良证书》，并在报纸、电视等予以公告。二级及以下信用等级企业，一般不予公布，仅提交给被评估企业。

下篇：实　践

一、企业概况审查

企业发展史	企业所在地及环境	企业在同行业及本地区的地位	企业的组织架构和人员结构
• 企业名称特点、发展过程、隶属关系及变化情况、现有规模、主要产品种类和技术水平。	• 企业具体所在地、原材料和能源供应保障、交通运输条件和配套条件、周边环境、办公面积等。	• 企业经济实力在同行业和本地区的地位。	• 企业领导班子人数、平均年龄、知识结构、人员数量、技术等级、管理体制及职能部门设置等。

企业的经营状况	企业设备装配情况	企业获得的荣誉称号及存在问题
• 企业有关报表中主要经济指标情况。	• 企业设备台数，技术性能等。	• 监管部门、行业协会、政府部门奖罚情况。

二、资金信用评估

资金的信用评估主要从资金的流动性、安全性、变现能力等不同角度进行评估；涉及五项定量指标，满分值25分（详见下表）。

序号	指标	公式（满分值）	含义
1	资产负债率	$\dfrac{\text{流动资金借款合计}+\text{应付及预收款}+\text{欠缴税利}}{\text{定额流动}+\text{现金}+\text{银行存款}+\text{应付及预收款}+\text{发出商品}}$ （6分）	反映每百元资产中负债所占的比重，值越小越好。
2	短期支付能力	$\dfrac{\text{现金}+\text{银行存款}+\text{应收及预付款}+\text{发出商品}}{\text{流动资金临时借款合计}+\text{应付及预收款}+\text{欠缴税利}}$ （5分）	反映公司企业立即偿付债务的能力，值越大越好。
3	应付贷款逾期率	$\dfrac{\text{逾期应付贷款}+\text{逾期应付加工费}}{\text{原材料采购费}+\text{加工费支出}}$ （6分）	反映企业是否按期支付货款，值越低越好。
4	贷款归还能力	$1-\dfrac{\text{逾期贷款罚息支出}+\text{展期贷款应计利息额}}{\text{贷款利息支出总额}}$ （5分）	反映工商企业是否按期归还贷款，值越大越好。
5	贷款回收率	$\dfrac{\text{本年销售额}-\text{期末应收贷款}}{\text{本年销售额}}$ （3分）	反映企业贷款回收情况，值越大越好。

三、经济效益评估

经济效益评估主要从资金使用效益、管理效益等角度对企业评估；涉及四项定量指标，满分值20分（详见下表）。

序号	指标	公式（满分值）	含义
1	全部资金利税率	$\dfrac{\text{年实现利税额}}{\text{流动资金}+\text{固定资金}+\text{借入资金}+\text{拨出资金周转数}+\text{专用基金参加周转数}}$ （6分）	衡量工商企业全部资金综合使用效益，值越大越好。
2	销售收入利税率	$\dfrac{\text{年实现利税总额}}{\text{销售收入}}$ （4分）	衡量工商企业盈利能力，值越大越好。
3	全部流动资金周转天数	$\dfrac{\text{全部流动资金平均占用额}}{\text{商品销售收入}}$ （7分）	衡量工商企业流动资金利用使用效益，值越小越好。
4	人均利税额	$\dfrac{\text{年实现利税总额}}{\text{企业平均职工数}}$ （3分）	衡量企业劳动生产率水平，值越大越好。

四、经营管理能力评估

经营管理能力涉及两项定量指标（10 分），三项定性指标（15 分），满分值 25 分（详见下表）。

序号	指标	公式（满分值）	含义
1	合同履约率	$1-\dfrac{\text{本企业履约的合同个数}}{\text{应履约的合同个数}}$（4 分）	反映企业合同履行情况，值越小越好。
2	商品成本资金占用率	$\dfrac{\text{库存商品平均占用额}+\text{发出商品平均占用额}}{\text{年销售成本总额}}$（6 分）	反映工商企业产品是否适销对路，值越小越好。
3	资金管理能力	企业资金的目标管理、资金分级归口管理、资金自补制度、财务收支计划及经济活动分析等制度的制定及执行（6 分）	反映工商企业财务部门资金管理能力。
4	科学管理水平	产品质量管理、技术管理、信息管理、计算机开发和应用等方面（6 分）	反映工商企业管理系统的现代化程度在同行业的水平。
5	领导层次的综合能力	与同行业相比，领导班子群体结构、专业结构、组织体制和形式（3 分）	反映工商企业领导班子综合管理能力。

五、企业发展前景评估

工业企业

因工商的经营方式、换算过程等方面区别较大，分工业企业、商业企业两类分析。

工业企业涉及三项定量指标（16 分），三项定性指标（14 分），满分值 30 分（详见下表）。

序号	指标	公式（满分值）	含义
1	主要产品寿命周期	成长期7分，成熟期5分，成长前期4分，导入期和衰退期3分（7分）	根据导入期、成长前期、成长期、成熟期和衰退期五个阶段的不同特点，从销售量和销售价格判定。
2	新产品开发能力	$\frac{近一二年开发的产品产值}{全部产品的产值}$（5分）	反映企业应变能力及技术水平，值越大越好。
3	产品出口创汇能力	$\frac{出口产品产值}{全部产品的产值}$（5分）	反映企业产品走向国际市场的能力。
4	工艺技术和装备水平	同行业水平上4分，接近者3分，以下者1分（4分）	反应企业生产基础实力。
5	固定资产净值率	$\frac{固定资产净值}{固定资产原值}$（4分）	反映企业劳动手段更新改造情况。
6	经验评价	执行国家政策、法令情况3分，其他印象2分；（5分）	被评估企业产品带来的社会效益。

商业企业

商业企业涉及三项定量指标（16分），三项定性指标（14分），满分值30分（详见下表）。

序号	指标	公式（满分值）	含义
1	年利税递增率	$\frac{本年度利税总额}{上年度利税总额}-1$（5分）	衡量企业利税环比发展速度。
2	年销售收入递增率	$\frac{本年度销售收入}{上年度销售收入}-1$（5分）	衡量企业销售收入环比发展速度。
3	效益、资金对比系数	$\frac{本年度利税总额}{上年度利税总额} \div \frac{本年度全部资金占用额}{本年度全部资金占用额}$	衡量企业利税和资金占用发展速度。
4	企业发展规划及落实情况	同行业内：好5分，一般3分，较差1分（5分）	衡量企业近一二年内经营规划及措施执行情况。
5	商业企业服务质量	同行业内：好5分，一般3分，较差1分（5分）	衡量企业员工服务态度。
6	经验评价	执行国家政策、法令情况3分，其他印象2分；（5分）	被评估企业产品带来的社会效益。

六、企业信用状况总评估

（1）对前五个部分分别进行概括性总结、各项指标得分情况进行汇总判定，确定评估结果。

（2）对企业的成绩予以肯定。

（3）对企业存在的问题提出看法和建议。

（4）说明评估企业享受信用等级的社会有效期限。

工业企业信用等级评估评分汇总表

项目	评分值	参照值	前三年	前二年	前一年	评估值	得分
一、资金信用	25						
1. 资产负债率	6						
2. 短期支付能力	5						
3. 应付货款逾期率	6						
4. 贷款归还能力	5						
5. 贷款回收率	3						
二、经济效益	20						
1. 全部资金利息率	6						
2. 销售收入利税率	4						
3. 全部流动资金周转天数	7						
4. 人均利税率	3						
三、经营管理能力	25						
1. 合同履约率	4						
2. 商品（成品）资金占用率	6						
3. 资金管理能力	6						
4. 科学管理水平	6						
5. 领导层次的综合能力	3						

续表

项目	评分值	参照值	前三年	前二年	前一年	评估值	得分
四、企业发展前景	30						
1. 主要产品寿命周期	7						
2. 新产品开发能力	5						
3. 产品出口、创汇能力	5						
4. 工艺技术和装备水平	4						
5. 固定资产净值率	4						
6. 经验评价	5						
总得分	100						

七、附表及说明

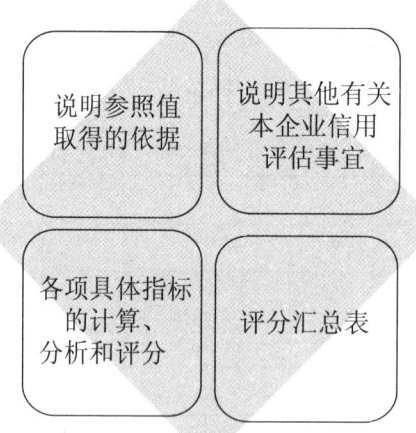

- 说明参照值取得的依据
- 说明其他有关本企业信用评估事宜
- 各项具体指标的计算、分析和评分
- 评分汇总表

附录：信用风险内部评级法

一、概述

银行采用内部评级法来自行估计风险系数，并以此决定某一风险暴露的资本要求，估计的风险参数包括违约概率（PD）、违约损失率（LGD）、违约风险暴露（EAD）及有效期限（M）。

内部评级法是以计量非预期损失和预期损失为基础的，风险权重函数产生的资本要求对应于非预期损失部分，预期损失单独处理。

二、内部评级（IRB）法的机制

风险暴露的分类

内部评级法下，银行将具有不同潜在风险特征的风险暴露分为五大类资产：公司、主权、银行、零售和股权。

公司风险暴露

公司、合伙制企业、独资企业的债务。公司资产又分为五个专业贷款子类，包括项目融资、物品融资、商品融资、产生收入的房地产和高波动性商用房地产。

主权风险暴露

包括主权机构（及其中央银行）、标准法下视为主权信用的某些公共部门实体、标准法下满足零风险权重标准的多边开发银行等。

银行风险暴露

包括标准法下视为银行债务的国内公共部门实体的债务,以及标准法下不满足零风险标准的多边开发银行的债务等。

零售风险暴露

包括个人风险暴露(循环信用和信用额度、个人定期贷款和租赁)、个人住房抵押贷款、通过个人发放或个人担保的小企业贷款等。

股权风险暴露

包括在商业性实体或未并表金融机构的资产和收入中直接和间接地拥有的股东权益。它具有不可被赎回性,不体现对发行人的债务,代表对发行人资产或收入的剩余索取权。

初级法和高级法

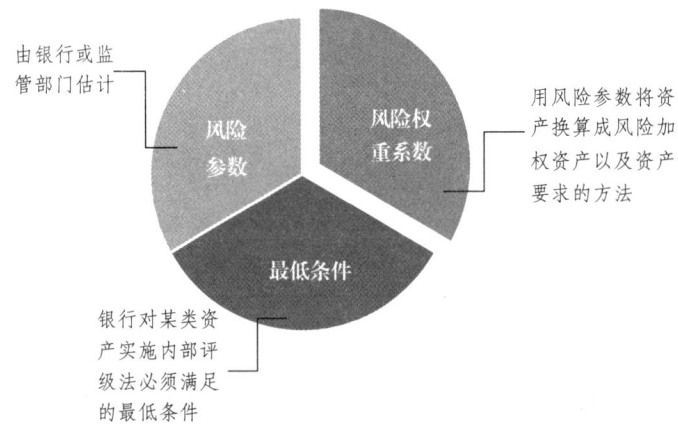

在初级法下,银行自行估计违约概率,其他的风险参数依赖监管部门估计。

在高级法下,银行在满足最提条件的前提下自行估计违约概率、委托损失率和违约风险暴露,并自行计算期限。

在两种办法下,银行都必须一直使用本框架提供的风险权重函数来计算资本要求。

在不同资产类别中采用 IRB

由于数据的局限性等原因,监管部门允许银行在一个整体集团分阶段逐步实施内部评级法的计划。

分阶段计划包括:在同一业务机构内跨资产类别采用内部评级法;在同一银行集团内垮不同业务机构采用内部评级法;对某些风险参数采用从初级法向高级法过渡的方法;

三、公司、主权及银行风险暴露的规定

风险加权资产

风险加权资产的计算公式

加权资产的计算取决于对违约概率、违约损失率和违约风险暴露的估计,某些情况下还取决于有效期限。

对未违约的风险暴露,计算风险加权资产的公式为:

相关系数(R) = 0.12 × (1 − EXP(−50 × PD)/(1 − EXP(−50))) + 0.24 × [1 − EXP(−50 × PD)/1 − EXP(−50))];

期限系数(b) = (0.11852 − 0.05478 × ln(PD) ∗ 2);

资本要求(K) = [LGD × N[(1 − R)^ −0.5 × G(PD)) + (R/(1 − R)^ 0.5 × G(0.999)] − PD × LGD] × (1 − 1.5 × b)^ −1 × (1 + (M − 2.5) × b);

风险加权资产（RWA）= K × 12.50 × EAD。

对已经违约的风险暴露，资本要求（K）取以下两者之较大者：零或违约损失与银行估计损失的最大预期损失之间的差额。

符合相关条件的金融机构，可以对所有风险暴露的相关性参数使用1.25 的乘数，包括总资产大于 1000 亿美元的受监管的金融机构和所有不受监管的金融机构。

中小企业（SME）的规模调整

按照内部评级法的要求，允许银行将中小企业（销售额小于 5000 万欧元）风险暴露于大公司风险暴露区别对待。

中小企业相关系数（R）= 0.12 × (1 − EXP(−50 × PD)/(1 − EXP(−50)) + 0.24 × [1 − (1 − EXP(−50 × PD)/1 − EXP(−50))] − 0.04 × (1 − (S − 5)/45)（其中 S 是年度总销售额）。

专业贷款的风险权重

银行在不符合内部评级法下估计违约概率的要求时，应将其内部评级与五个监管分级相映射，每个分级对应一个特定的风险权重。

监管分级和专业贷款的非预期损失风险权重　　　　单位:%

	优	良	中	差	违约
其他类	70	90	115	250	0
高波动性商用房地产	95	120	140	250	0

双重违约情况下风险权重资产的计算

双重违约情况下，已有担保的风险暴露的资本要求（K_{DD}）= K_0 × (0.15 + 160 × PD_g)。

$$K_0 = \left[N\left(\frac{G(PD_0) + \sqrt{\rho_{os}} \cdot G(0.999)}{\sqrt{1 - \rho_{os}}} \right) - PD_0 \right] \times \frac{1 + (M - 2.5) \cdot b}{1 - 1.5 \cdot b}$$

PD_0 和 PD_g 分别为债务人和担保人的违约概率。

违约风险暴露

表内项目风险暴露的计算

其中，= 风险缓释户的风险暴露值。= 风险暴露的现值。= 风险暴露所对应的折扣系数。= 所接受的担保物的现值。H_c = 担保物所对应的折扣系数。H_{fx} = 担保物和风险暴露货币错配所对应的折扣系数。

表外项目风险暴露的计算：对表外项目，风险暴露按照一成虐单位提款的金额乘以信用风险转换系数看来计算。

有效期限

采用初级法的银行，除了回国类交易的有效期限是 6 个月外，公司风险暴露的有效期是 2.5 年。

采用高级法的银行，应按照定义计算每种工具的有效期限。

有效期限 = ，代表合约上借款人在 t 时间段里应支付的现金流（本金、利息和费用）

风险参数

违约概率，对公司和银行风险暴露，内部债务人评级所对应的一年期违约概率与 0.03% 相比，取其大者；对主权风险暴露违约概率取内部债务人评级所对应的一年期违约概率。

个人住房抵押贷款

如果没有违约，且全部或部分由住房做抵押担保，所赋予的风险权如下：相关系数（R）= 0.15；资本要求（K）=] – PDLGD；风险加权资产 = K。

对于已经违约的风险暴露，资产要求 K 等于其违约损失金额

(LGD)与该银行对逾期损失的最大估计值之差,其他类似。

合格的循环零售风险暴露

如果没有违约,且全部或部分由住房做抵押担保,所赋予的风险权如下:相关系数(R)=0.04;资本要求(K)=]-PDLGD;风险加权资产=K。

对于已经违约的风险暴露,资产要求K等于其违约损失金额(LGD)与该银行对逾期损失的最大估计值之差,其他类似。

其他零售风险暴露

如果没有违约,且全部或部分由住房做抵押担保,所赋予的风险权如下:相关系数(R)=0.03(1-EXP(-35PD)/(1-EXP(-35))+0.16[1-(1-EXP(-35PD)/1-EXP(-35))]);资本要求(K)=]-PDLGD;风险加权资产=K。

对于已经违约的风险暴露,资产要求K等于其违约损失金额(LGD)与该银行对逾期损失的最大估计值之差,其他类似。

优先级风险暴露中有担保部分的最低违约损失率

	最低违约损失率	风险暴露的最低担保水平	覆盖全部违约损失所要求的超额担保水平
合格的金融担保物	0	0	N,a
应收账款	35%	0	125%
商用房地产/居住用房地产	35%	30%	140%
其他担保物	40%	30%	140%

四、零售风险暴露的规定

风险加权资产

个人住房抵押贷款

如果没有违约,且全部或部分由住房做抵押担保,所赋予的风险权如下:相关系数$(R) = 0.15$;资本要求$(K) = [LGD \times N[(1-R)^{-0.5} \times G(PD)) + (R/(1-R)^{0.5} \times G(0.999)] - PD \times LGD] \times (1-1.5 \times b)^{-1} \times (1 + (M-2.5) \times b)$;风险加权资产$(RWA) = K \times 12.50 \times EAD$。

对于已经违约的风险暴露,资产要求K等于其违约损失金额(LGD)与该银行对逾期损失的最大估计值之差,其他类似。

合格的循环零售风险暴露

如果没有违约,且全部或部分由住房做抵押担保,所赋予的风险权如下:相关系数$(R) = 0.04$;资本要求$(K) = [LGD \times N[(1-R)^{-0.5} \times G(PD) + (R/(1-R))^{0.5} \times G(0.999)] - PD \times LGD$;风险加权资产 $= K \times 12.50 \times EAD$。

对于已经违约的风险暴露,资产要求K等于其违约损失金额(LGD)与该银行对逾期损失的最大估计值之差,其他类似。

其他零售风险暴露

如果没有违约,且全部或部分由住房做抵押担保,所赋予的风险权如下:相关系数$(R) = 0.03(1 - EXP(-35PD)/(1-EXP(-35))) + 0.16 \times [1 - (1-EXP(-35 \times PD)/1 - EXP(-35))]$;资本要求$(K) = [LGD \times N[(1-R)^{-0.5} \times G(PD)) + (R/(1-R)^{0.5} \times G(0.999)] -$

$PD \times LGD] \times (1 - 1.5 \times b)\verb|^|-1 \times (1 + (M - 2.5) \times b)$；风险加权资产$(RWA) = K \times 12.50 \times EAD$。

对于已经违约的风险暴露，资产要求 K 等于其违约损失金额（LGD）与该银行对逾期损失的最大估计值之差，其他类似。

风险参数

违约概率与违约损失率

零售风险暴露的违约概率是零售风险暴露吃的内部评级对应的一年期违约概率但不得低于 0.03%。

保证担保和信用衍生品的认定

银行可以通过调整违约概率或违约损失率的估计值来反应保证担保和信用衍生品降低单笔债务或风险暴露池的风险的作用。

违约风险暴露

表内和表外的零售风险暴露总额都包含总的专项拨备或部分核销。包括：①如果风险暴露全部核销了，银行的监管资本减少的数额。②任何专项拨备和部分核销。

五、股权风险暴露的规则

风险加权资产

银行交易账户上的股权风险暴露的风险加权资产按照市场风险资本计量规则处理。银行交易上户外的股权风险暴露，采用市场法和违约概率/违约损失率（PD/LGD）法计算风险加权资产。

（1）市场法。允许银行采用简单的风险权重法或内部模型法计算银行账户中股权风险暴露的最低资本要求。

简单的风险权重法。上市交易股票使用300%的风险权重，其他400%。

内部模型法。银行需持有的资本等于其持有股权的潜在损失。潜在损失由内部在险价值模型求出。

（2）违约概率/违约损失率（PD/LGD）法。该办法对于担保工具提供者的风险暴露采用90%的违约损失率。其计量最低资本要求和方法与内部评级法初级法一致。

（3）不采用市场法和违约概率/违约损失率（PD/LGD）法的情况。如果某些实体的债务的信用风险在标准法下适用零风险权重，各国监管部门可自主决定将这些实体的股权风险暴露派出在内部评级法之外。

风险参数

股权投资风险暴露的计算

（1）对于按照公允价值计价的股权投资，价值的变化如果直接体现在损益中，则风险暴露等于资产负债表上的公允价值。

（2）对于按照公允价值计价的股权投资，但其价值的变化没有直接体现在损益中，则风险也等于资产负债表上的公允价值。

（3）对于按照凤凰本计价或者成本价与市场价孰低原则计价的投资，风险暴露等于其在资产负债表上成本价或者市场价。

六、处理购入应收账款的规则

违约风险的风险加权资产	稀释风险的风险加权资产	应收账款购入价格折扣的处理	信用风险缓释的认可
1.对购入的零售应收账款，银行可利用内部和外部参考数据来估计违约概率和违约损失率。 2.对购入的公司应收账款，银行可按照"自下而上"法采用内部评级法的风险量化标准。	稀释是指通过现金支付或非现金支付方式减记应收账款债务人应付金额的可能性。购入银行应将应收账款资产池作为一个整体，或者在构成应收账款池的单笔应收账款层面来估计去稀释风险一年期的预期损失率。	即应收和账款的购买价格在账面原价上打折，如果这种价格折扣的一部分将退还给销售方，这种退还的金额在内部评级法证券化资产框架中将作为第一损失保护，不可退还的应收账款价格折扣不影响风险权重资产的计算。	由转让方或第三方提供的保证担保，不管是否涵盖违约风险或稀释风险，都按照已有的内部情及发中有关保证担保的规则处理。

七、预期损失的处理和拨备的认定

预期损失（EL）的计算

银行将各风险暴露的预期损失加总，求得总的预期损失金额。

符合监管分级标准的非专业贷款风险暴露的预期损失等于违约概率乘以违约损失率。

$$EL = PD \times LGD$$

符合监管分级标准的专业贷款风险暴露的预期损失等于8%乘以风险加权资产。其中风险加权资产等于违约风险暴露乘以相应的风险权重（如下表）。

	优	良	中	差	违约
其他专业贷款	5%	10%	35%	100%	625%
高波动性商用房地产	5%	5%	35%	100%	625%

拨备的计算

内部评级法下的风险暴露：合格拨备总额是指按内部评级法处理的风险暴露的所有拨备的总和（如专项拨备、部分核销和资产组合专项一般拨备）。

对部分信用风险暴露使用标准法：一般情况下，银行根据标准法和内部评级法计算的信用风险加权资产所占的比例，将总的一般拨备按比例分配。如果仅采用一种方法，则在使用标准法的使体内记账的一般拨备按标准法处理。

《信用评级》培训内容

前国家总理温家宝说过,一个不重视教育的民族是没有希望的民族,一个不重视培训的企业是没有前途的企业。企业的进步是来自于员工的进步和提高,员工的进步与提高是来源于其自身不断地通过培训来学习知识。而互联网金融这个新兴行业的兴起,一定是伴随着行业内从业人员自身经过大量的培训和学习。互联网金融行业目前来说,没有属于这个行业的专业人士,这是一个新的专业。不管哪所大学里面,都没有这个专业,但是不久的将来一定会有这个专业。在世界级别的最高经济论坛会议讨论的时候,有人曾经做过一种预判:互联网的发展,互联网企业的兴起,以及互联网金融的出现,类似于第一次工业革命、农业革命,第二次工业革命,再到信息革命这样的一个历程,都是由生产技术的改变,带来了生产力的提升,并出现了质的变化。以至于现在互联网革命的层次、深度、影响力,在整个社会进步和发展过程中,在整个人类的发展史中,都起着巨大的革命性的变革作用。大家都知道,现在都称我们进入了互联网社会,互联网已经变成了我们的基础设施。就像走路一样,像高速公路一样,它已经变成了和交通工具一样生活中离不开的基础设施,变成了工作和学习的基础设施。任何一项工作、思维或者研究都离不开互联网。互联网技术的发展和衍生出来的互联网金融专业的出现,是伴随着整个技术的进步,工具的进步和整个社会生产力的提高应运而生的。

在这以前，Internet 在 20 世纪 80 年代末的时候刚刚兴起，当时的互联网是以分散的 PC 机形式存在的。当时的个人电脑一定要借助于电话线，在电信局申请一个账号，通过申请后，符合规定的计算机上才能上 Internet。那个时候互联网连接的点数不到现在的万分之一，量非常小，技术力量还没跟上。现在的科技进步相当快，尤其是无线通讯的快速进步，让互联网迅速地扩大，呈几何级数增长。现在每个人手上都有一部智能手机，不像过去，手机只有两个功能，一是打电话，二是发短信，黑白屏幕。现在的智能手机最大的特点就是能直接上网，可以说它就是一部电脑，有 CPU，也有硬盘。现在我们身边的任何一个地方，只要拿着手机就能够上网，都可以通过一个工具去学习、工作、生活。只要手机在身边，可以什么都不要，所有事情全部能搞定，这是因为社会发展了，通讯工具发展了，它可以解决所有想解决的问题，做想做的任何事情。例如购物，同学们上淘宝一买就是一大堆，物流也很方便；例如开会，建个微信群就能直接开会，讨论工作；例如找酒店，导航等。所有的生活、工作需要的东西，都在这里了，全部都可以便捷地解决了。

金融服务也像其他形式的服务一样，无一例外地也必须搭上这列互联网发展的快车，利用这样一个基础设施来快速发展，从而出现了互联网金融。互联网金融现在已经进入了千家万户，未来的发展空间非常大。例如现在全国的银行里储户估计有四亿，但这四亿人现已经在互联网上进行金融投资或者借贷的占比是多少。现在互联网金融的产品，首先从投资角度讲，给投资者的回报最低是在年化 10% 及以上，国际上的标准折现系数也是在 10%。前文已讲过折现系数，那就是世界平均的投资水平也是在 10%，低于 10% 的就不要投资，这是投资新项目的原则。而现有的互联网金融平台的利率基本是高于 10%，说明投资平台的任何一个项目都是划算的。我们到银行办业务的时候，可以看到银行的很多客户经理，在大堂里拿着传单推销，这是我们第三期的理财产品，年化收益率5%、6%、7%。

到目前为止，互联网金融的专业人员还没有，没有专业队伍，都是其他行业跨界过来的。例如，从银行过来的同志，还有一些从IT系统过来的人士，还有一些是从互联网行业过来的人士，都是跨界过来加入互联网金融的。他本身并不是互联网专业人才，更不是我们互联网金融的专业人才，那这样我们就有了一个使命感。我们要打造出这样一支专业队伍，一支互联网金融的专业队伍。

互联网企业就应该从制度的建立，到管理架构的设定，到人员队伍的培养，到产品的设计，到市场的推广，一步一步建成互联网金融企业该有的体系。这才是开始，真正的动作还在后面，我们就感觉到需要大批的人才，需要大批的有识之士，需要大批的专业人员，没有专业人员，就搞不了高大上，原来种菜的养猪的也想搞互联网金融，因为养猪的也赚了钱了，还有掏煤的，煤老板们赚了很多钱，都想进入互联网金融行业，变得高大上。还有几个包工头，开发了几个楼盘，赚了些钱，也想进入互联网金融行业。这些企业过去向银行借钱的时候感觉很难，现在有机会我可以自己进来做了。并且，他们认为这个行业只要有钱就能做，实际上根本不是这样。第一是要有人，第二要有智慧的人，第三要有经验、有知识的人，有责任心的专业人才行。

在2014年年初，由人民银行、支付清算协会主持的中国互联网协会的发起人成立大会，包括人民银行的副行长都参加的。当时陆金所的董事长计葵生发表一个演说。他是一个纯美国人，当时他把2014年年初的全世界的互联网经济、金融和P2P的一些现象都说了一下。他认为，以中国目前的条件，在全世界当中，中国互联网金融发展的速度是最快的。就像信息革命一样，只要有了信息就有钱，这是信息革命的产物，互联网经济也是这样。到那时，全世界的人都站在互联网同一个起跑线上，没有差距，谁运用得好，谁就在前面。

中国过去的投资渠道本身就不完整，因为过去中国是计划经济，市场发育是不充分的，不像发达国家，比如美国、欧洲，统称为西方发达国家，它们的投资渠道和方法发展的比较完善，所以当互联网金融出现以后，跟其他的投资方式还有相当一个阶段的博弈。而中国没有，中国没有那么多的投资渠道，所以一出来大家都就觉得很新鲜，蜂拥而上，各行业都要做互联网金融，这反映出了一种生命力和积极性，所以说我们赶上了这个时代，在这样一个时代、一个产业或者一个事业当中，我们都是亲身的参加者，也是历史的创造者。

笔者作为一个老金融工作者，在金融行业工作将近四十年，在自己的从业经历中有很多的体会，也有很多的教训和总结，也有很多的想法，但最后依然走上了互联网金融的道路。来的时候也并未有要把他做成事业的想法，而是想做一些努力，但是越做感觉越不一样，而且跟我们现在的同行，包括一些互联网金融公司，我们在一起交流的时候，跟他们所谈的，所讨论的一些问题，和我原来在金融系统，在银行里面所谈的所讨论的问题，有一样的地方，也有不一样的地方，有共同语言，也有的没有共同语言，特点也都不一样。但是我深深地感觉到，这个行业是个技术密集型的行业，不是劳动密集型的行业，不是简单劳动；每一项工作，比银行工作更复杂，因为它加上了互联网，思维已经不是有多少个网点，有几个品种，你过去到银行存款取款那种一般的业务，它是以电的速度在进行发展，一旦上了网，一下全世界就知道了，你所有的错误或者闪失，一样，全世界也都能看到，一旦你出现失误的话，就会给投资人造成巨大的损失，大家也都会看到，所以说这个行业，我还是一个小学生，我到这个行业来也要从头开始学起，我希望同学们到了这个行业以后要好好学习，好好工作，把自己的成长生涯和职业道路结合好。只要在互联网金融行业，你们都能够成为排头兵，都能成为骨干力量，你们都能成为这个行业的基础设施的一部分。

首先，《项目评估》就是把每笔贷款都看做一个项目，因为那里面已经把所有需要考虑的风险点都已经周全了，你只要拿出项目评估中的一部分，就能够完成对这笔贷款的审查了。

其次，信用评级是什么呢？就是还没有贷款的时候，对一个企业，用数据给出一个精准的定位，定位之后，还没有给贷款，同时也没有申请之前，我们就知道这个企业需要多少钱，我们可以给他多少钱是安全的。然后，《供应链金融》，因为现在大家都知道最安全的贷款就是抵押贷款，如果还不了钱，就直接把抵押物给卖了，只要能够偿还本金和利息，那么，投资客户就不会遭到损失。但是众多的贷款是没有抵押的，都是大中型企业或是上市公司，他们通常有一部分是属于担保，有一部分是属于信用，直接授信给对方，像中石油、中石化、中海油，还有一些大型的钢铁企业，还有国家很多的基础设施企业，比如航天工业，那是国家银行直接给信用贷款，不用抵押。一旦出现风险的时候，我们称为没抓手。而有很多信用贷款，这里面一旦出现违约，问题就出来了，那么要追起来，就非常费劲。

那么供应链金融是什么？它主要是针对不同的企业，用这笔贷款所购的物资来进行抵押，是这样一种形式，企业不需要拿其他的抵押物来了。一个企业申请五千万元的贷款，那这五千万元用来买什么，当然是规定的，约定是畅销的产品，比方汽车、石油、木材、钢材、煤炭，等等，一定是畅销的产品。那么当银行把钱给了企业以后，企业把货单拿来就押在银行，主动权在银行，银行不同意，企业就不能卖，一旦卖了，就要还钱，就是用这笔贷款本身出去所购买的物资来为这笔贷款提供担保，是这样一种形式。它的市场就非常大，任何人想买一批东西，都可以申请供应链贷款。

关于信用及信用需求，首先，信用是货币借贷和商品交换中延期付款和交付的总称。简单地说，就是我现在给不了你，三天以后再给你，然后看三天以后能不能兑现，这就是信用。兑了现，你就是守信用，不兑现就是不守信用，兑现了一半就是部分守信用，一点不兑现就是完全不守信用，在时间和程度上对事件结果的一个判断。我们贷款也经常有信用贷款，信用贷款实际上就是我什么都不需要，我给你贷十万元，三个月以后利息两分归还，结果到了三个月还没归还，那就是不守信用。那么信用在我们人与人的交往当中，在商品交易当中，在任何一个时点上都存在，都有信用的行为，就像我今天两点过来讲课，如果两点十分到的话，就是我失了信，我没有准时到。如果我今天要接待一个客人，五点钟一定要到场，结果我晚了，这就是不守信。如果我们国家向其他国家提供援助，我们给他一百万美元或者一千万美元，但是最后没有给，那也是我们不守信。我们人人都不喜欢那种不守信的人，都喜欢守信用的，那么既然都喜欢守信用的人，那么守信用就要从每个人做起，就跟我们孔子先生讲过的一样，见贤思齐，见不贤而内自省也，见到好的我向他学习，见到不好的我看看自己身上有没有这样的缺点，然后把它改掉，就是我要求别人要守信用，自己就要守信用，我们在场的所有同学看看我们的信用状况怎么样，自己给自己的信用做一个评价，跟同学交往中所做的承诺，跟社会机构所做的交易当中所留下来的记录，包括交水电费，交电话费，也就是说在我们的日常生活和工作中都有这样的行为，他渗透到每一个动作当中，那么我希望我们的同学从信用这两个字开始做起，这两个字很大，既有空间感又有历史感，我们同学们在银行也好，保险也好，所有的经济行为都离不开这两个字。我们每个人都成为一个守信用的人，这个社会就进步了。所以往后延伸的话，信用风险是所有风险中的第一位，而银行在所有的贷款风险控制当中，第一控制的就是信用风险，当然我会在巴赛尔协议中讲到信用风险的控制方法和控制模型，就是要把不守信用的人控制起来，让他不得不不守信用，如果不守信用的话，会受到什么样的惩罚。所以说这里面有几个要点，一个是总称，从货币的角度延伸到整个社会很宽的概念，其内涵为以偿还为条件和以交至运动为对象，这是从经济学上讲，其实就是一个守信用的问题，履行自己的承诺为最后结果的，第三其外延主要涉及古今中外货币借贷和商品交换领域，这还是从经济学角度作解释，但是从人生和社会这个角度，已经扩开给大家作解释了，它延伸到每个同学的每一项行动，就是守不守信用问题。信用需求是指愿意付出代价而得到对方信用情况的愿望。那么下面的信用需求来源，有买方信用需求，卖方信用需求，内部信用需求，综合信用需求，这些信用需求都是我希望得到什么，然后你承诺给我什么，我希望得到什么，然后你承诺给我什么，你希望得到的你希望比人能够做到，别人给你所承诺的你希望别人能够满足你，同样我给别人做出的承诺也一样，别人给我提出的需求我也要满足，反之，是一样的，这就是从信用和信用需求的概念上来理解信用是什么，这个很重要

  实际上，信用评级在经济领域中主要就涉及了几个部门，一个就是债券的评估，债券有各种各样，市场经济当中企业筹集资产可采用发行企业债券的方式，为使发行发和购买方能客观进行交易，发债钱由专门评级机构进行评级。这个评级关系到评级机构，这个信用评级不单单是企业债券，还是对这个企业进行评估，因为债券是企业发的，企业的好与坏，优与劣，他的发展方向，决定了他发行债券的质量怎么样，我们

现在只讲到企业的债券，当然还有政府的债券，也是一样。原来我在发展银行，我们经常买的是美国的国债，也是债券，我们国家也有国库券，这个债券评级机构也要进行评级，那么再全世界美国债券的级别是最高的，他基本上没有违约，属于零风险债券，那么能做到零风险债券的话在我们国家只有国库券，和我们国家在解放初期发行的人民公债，你们这些孩子们有可能没有听说过，这些债券国家是一定保证兑付的。那么对于这种国家债券的评级的话，也是由评级机构进行，这项业务在西方经济在市场经济的国家是比较盛行的。

股票也一样，实际上不是对这个股票进行评级，实际上也是对发行股票的企业进行评级。企业里评级有几个指标，这些指标的分子和分母，它的原始数据从哪里采集，这些都不难，最多只有一个除法，百分比，其他没有什么东西。

还有一个商业票据评级，票据也是一种远期支付的凭证，就像欠条一样，发展到最后，欠条也可以卖，它可以背书转让。比如我拿了欠条，但是我现在暂时不需要这笔钱，我想立刻变现，那我就卖给你，然后到期的时候，你可以向出票人多赚点钱，我就损失一部分利息。银行承兑汇票，包括商业汇票，包括国际上的信用证等等都是属于票据行为。现在最普遍的是银行承兑汇票，银行是承兑人，企业委托银行为他出票，出了票以后企业自己去承兑，但是银行承兑汇票可以去银行申请贴现，贴现以后还是企业把这个票据收回去，这是以银行信用作为信用保证的票据，是百分百兑付的，大家在以后的经济活动中，对于银行的承兑汇票，我们国家目前没有进行评级，中农工建的票据开出来就是钱，承兑汇票可以背书转让给别人，也可以直接用它去买货，支付劳务费用，都可以。这是银行的，因为他的信誉比较高，他没有进行客观的信用评级，但是有国家信用做保证。商业票据就不一样了，商业票据是由企业本身开出的，这个就需要评级了，评级主要是从他的违约率上考虑的，你开出了三个月的商业票据，三个月以后，你能不能把商业票据买回去，买回票据实际上就是付钱了，因为这是一种远期支付凭证，我买你货的时候，没钱给你，我给你开一个商业票据，三个月之后再给你钱。而供货人拿着商业票据到期后贴现，一般人是不愿意给你贴现的，你转让别人也是不一定会要的，因为他不知道这个票据的信誉度有多高，三个月之后我找企业去要钱的时候，他给不给，这个企业到底有没有支付能力，因为是他自己开出来的，想开多少开多少，所以这个时候，他想发行商业票据的话，就必须要有评级机构给他评级，评级以后对这个企业的增信相当于就是对这个票据增加了信用背书，如果高，有3A，就有人要，3B，可能要的人就少，如果再降低一点，那就更少了，甚至发行不掉。而商业票据在西方发达国家非常的流行，因为他们社会的整个评级系统，包括大数据，现在互联网经常讲大数据，其实它就是一个社会征信系统，每个人的信用都有记录，然后有机构把你的信用记录汇集起来，企业也好，个人也好，无论做什么首先看一下你的评级，看一下你的信用记录，如果记录好，那再借就不难，好借好还，再借不难，如果你有了不良的信用记录的话，想再借那就难，你就寸步难行。所以说商业票据的评级决定了你的商业票据能不能发行掉，而商业票据评级实际上也是对这个企业评级，不管什么评级，最后都是对企业评级，这个企业的主要领导人和整个销售和供应情况等进行评级，如果他的现金流能够回流，其他各方面情况也都比较好，那就可以获得一个比较高的评级，高的话，票据就能发行掉。信用评估到底评什么，实际上他的对象都是企业，包括债券、股票和商业票据，有时候对国家主权，或者某种行为，都可以进行一次评价。

像债券评级当中，就分为多种，比如蓝筹债券，属于投资级的，一个是国家的，一个销售没有问题的，一个是人们基本生活所需要的，像自来水公司、煤气站、还有邮电通讯，他们发行债券的时候一般是蓝筹，因为是人们是必须要的东西，基础的东西就有固定的收入来源，因为每个人都需要，那么蓝筹股和蓝筹债券是一回事，你像股市上的蓝筹股，比如中农工建交的银行股，还有"几桶油"，还有国家的一些大型通讯设施，比如联通、移动，都是蓝筹股，蓝筹股是比较稳定的，而且风险度比较小，蓝筹股里面3A是最高的，当然你也可以不用3A来表示，但是国际上的通行规则就是用3A来表示，A有他的说法，大家有兴趣可以去了解一下，AAA，AA，A，BBB，BB，B，A+，AB等等都有他的说法，组合过以后再确立企业的信用水平，知道信用水平以后，广大投资者在进行投资的时候，都会自己去做判断。但是我们大家都知道，信用的好与坏，级别的高与低，它在市场上最终是要形成价格的。好的蓝筹有可能收益没有那么高，因为它风险小，但是垃圾股的收益率有可能就会很高，有时候有好消息，价格就会上去，但是风险很大，跌也会跌得很厉害，那么大家在经济领域里面，有一句很著名的话，就是风险和收益永远成正比，风险大，一般收益就高，风险小，一般收益就低。银行的存款风险就比较低，那收益率也低，年化收益率只有5%、3%，但是到P2P来，风险要比银行高，但是年化收益率到了17%，那就比银行不知道高了多少倍，那当投资人进行选择的时候就会根据他的灵活偏好，年纪大的人，就会选一些比较稳妥的，不想收益高，只要每个月都有稳定的收益就行了，但是年轻人就想搏一下，搏到了以后，那我的资产就可以迅速的增长，这个在股票和债券的评级当中用到不同的级别来表示他的风险度，评级越低，它的风险度就越高，但是在买债券的时候可能会越便宜，在市场上可能会波动得很厉害，这时候出现赚钱空间的几率就比较大，包括现在的垃圾股，ST股，还有很多人买，而且经常涨停,其实ST已经很低了,再往后就是PT了,就要退场了,但是还是有很多人买,因为这里面有投资和投机的关系,人人都有投机心理,但是人人都喜欢稳妥的投资,在这里面就是在不断的选择和判断,那么就根据自己的技术和判断能力,去选择自己的投资品种。这次股票配资,1∶1,1∶2,1∶4,凡是这次用杠杆的都惨了,断崖式地往下跌,跌50%,钱就没了,就直接平仓平掉了,有部分人股票大涨的时候很开心,有1∶5的杠杆,自己拿100万元,别人给他配500万元,一共有600万元,涨10%就是60万元,20%就是120万元,这时候如果他出掉的话,把人家的500万元还掉,还赚120万元,就是赚120%,只要两个涨停就赚这么多。结果一下子跌下去了,跌到20%,100万元就平掉了,这就是杠杆,有投机在里面,不是投资,但是有的人把握得准,涨两个涨停板就出来,就能用一个礼拜赚个100万,很厉害。但是有时候,赚了还想赚,上次赚了,以为这次还能赚到,还嫌不够,特别是有些政策性的东西,这次4000点是起点,大家懂冲进去,可结果来了一次悬崖式下跌,跌到底了,国家又说肯定要上来了,有的人拆房子卖地,把房子都抵押出去了,再赌一把,想抄个底,结果抄到腰上去了。这都是在投资当中没把握好,而且这些东西风险也确实很大,但是确实有高手做对冲的,用期指跟股票对冲,反向操作。在学校里面可能还学不到对冲技术,我是在斯坦福学过,但你如果不去操作的话,那是每秒钟都跌的见盘的。我去了欧洲四家银行,一个是英国的巴克莱银行,一个是德国德意志银行,一个法国兴业银行,还有一个是汇丰银行欧洲总部,当时我在总行的时候分管计划,分管交易中心,交易中心搞什么呢?交易中心实际上是把二级备付金,就是每天存款贷款搞完平衡以后,交完了存款准备金账户上还有一部分钱,还有一部分钱,一般我们的二级备付金在交易中心是500亿左右,那么这个钱你们不能把它拉废，这 500 亿用起来，不用的话要交给交易中心，交易中心就去买期指、买黄金、买期货、买国债等，我们的 500 亿在我们这不算小，但在欧洲大银行的话简直什么都不是，一层交易大厅我估计有 2000 平方米，看不到边，里面估计有上千个交易员在里面，全部戴着耳麦，铅笔夹在耳朵上面，一个一个眼睛都没光，眼睛都没神，他们是天天在那盯盘，因为像这样的大银行它在全世界每一个周的所有他们所关注的大宗货品的波动他们都很清楚，石油、黄金、木材、煤炭、金融期货、期指，全都炒，就感觉全投机，它不是投资，而全是搞投机的，那他们对冲基础各方面基础都非常好，那他们的赚钱很厉害，他们的利润占商业银行的利润的 70%，全是他们赚的，他们的零售业务和公司业务最多是管饭碗，不亏本，根本赚不到钱，赚钱的是那一块，但那一块人员像华尔街那般人员一样，交易员就干那种事情，那种事情别干长了，干长了折寿，我们不希望干，一天下来眼睛都是直的，那个不能干的。所以债券的评级、股票的评级都是一个道理，到最后都是对企业的评级，评级以后，做出有利于或不利于企业债券发行，也给投资者一个风险判断，评级高，风险小，价格第一点，评级低，价格低，但风险可能大一点，但是波动区间可能大一点，就是说它的振幅可能大一点，那么里面有人如果打差价，如果你有本事你在这里面打，我是没本事，我打几次都打败掉了，想抄底都抄到腰上去了，不敢再抄了。目前，我国家研究的评级对象在实际当中不像西方一样，截至目前，企业债券的发行我们国家还是不行的，企业债券目前在市场上还是没有真正活跃起来，没有活跃起来的原因是什么呢，因为市场发育还是不全的，那么我们现在主要评级对象还是企业，对企业进行评级，包括我们所说的全民的、集体的、个体的、股份制的、外国投资的，不管什么性质，反正是个企业，对企业进行评级，那么企业所具备的条件，下面这些条件都是过去的条件，现在已经不重要了，当然里面一条很重要，必须是守法的企业，不守法的企业评级出来没用，首先不守法的企业级别怎么高呢，不可能高，上面所有条件都是告诉大家企业要遵纪守法，然后对你的经济指标再进行评级，评过以后评出来了，然后银行，包括能够给你提高融资的一些部门对你融资的时候给你方便。在评级当中我们都知道有一个评估的指标体系，因为评估中有一个数字的运算，数字的运算并不难，我讲初中毕业水平就能干了，就是加减乘除，你找到这些指标以后，然后把这些指标放在一起整合一下，复核一下，就可以搞出来了，那么这里面分两大块，一个是工业企业，一个商业企业，当然还有一个其他企业，但主要这两个有了其他就很简单了，因为企业的归集里面主要分四大部分，一般的评级就这四个部分，第一部分是资金信用部分，资金信用部分包括资产负债率、短期支付能力、应付货款的逾期率、贷款的回收率，它涉及的数据有26个，到时候进行评估的时候涉及哪些数据，后面我们有专门的表格，去找这个26原始数据，在某个时点上，或者年报，或者季报，或者是半年报，一些统计报表或会计报表，找到这些数据以后就可以进行计算了，第二个部分是经济效益部分，经济效益部分包括全部的资金利税率，就是创造价值的能力，销售收入的利税率，全部流动资金的周转天数，人均利税额等等，这里面涉及12指标，而12个就是原始数据。第三个是经营管理能力，经营管理能力包括合同履约率，也就是违约率、成品资金周转率、资金管理能力、科学管理水平、领导层次综合能力等，这里面涉及19个，然后企业发展前景部分主要包括企业产品的寿命周期，因为产品的寿命周期很重要，朝阳产业的产品和夕阳产业的产品完全不一样的，你比方我们所知道的数码相机出产前期，对我们过去的胶卷行业，包括乐凯、柯达、富士都是毁灭性的打击，这是技术进步造成的，然后这种产品寿命周期是0了，没寿命期了，这个时候对他评级也好，对他的投资也好，所有的东西都停止了，这个时候如果他还有转向的计划，就要立刻转向了，因为大家知道，技术进步带来的淘汰是非常无情的，一点余地都没有，它立刻就垮掉了。现在大家在看不到柯达，也看不到富士了，当时在中国做的比较火的就这两家胶卷，我年轻的时候比较喜欢照相，喜欢搞个照相机到处给您加讨好，帮您家照相，对这个胶卷比较敏感，后来第一代数码相机300万像素，我也玩了，但那时不行，还不可接受，打印和印刷都没跟上，到最后800万像素出来以后，但现在实际上手机的像素都有800万，现在我们那个比较好的佳能，还有尼康都到了3了，佳能3已经到了2400~2800的像素了，非常高了，现在每个照片拍下来都有这个墙放到这么大都很清楚，这个时候胶卷根本一点用也没有了。降到这个问题上，主要是解释产品寿命期，我们在投资一个企业的时候，企业产品寿命期有多长，在评价一个企业级别时，也要看他的产品寿命期有多长，比如说现在看一个生产手电筒的企业，它的产品寿命期有多长，那基本是很短了，手机都可以当手电筒了，那还专门生产手电筒，那不行了。另外就是新产品开发能力、产品出口创汇能力、工艺技术和装备水平、固定资产净值率、经验评价等。现在两个课时有了，再讲一会。这个商业企业指标和工业企业指标不一样，因为工业企业主要是产供销，商业企业主要是购销调存，它整个生产环节不一样，因为工业企业首先购买原材料，我们叫供，然后生产过程，我们叫产，然后销售、仓库，整个东西叫销，供产销。商业企业不生产，他少一个生产过程，他就是购销调存，从哪里买，到哪里卖，从哪里运到哪里，在哪里存储，仓储这一块很多，实际上他的指标和工业企业指标不一样，但有些指标还是相同，它也是分四个部分，资金信用部分：资产负债率、短期支付能力、应付货款逾期率、贷款归还能力、货款回收率等，这些都是一样的，经济效益部分也是差不多，经营管理能力也是差不多，企业发展前景这一部分有些不一样，利税递增率、年销售收入递增率、效益、资金对比率、企业发展规划及落实情况、服务质量经验评价等，这些东西不展开讲，这些东西是一些指标构成的，大家知道就可以。这个讲到信用等级评估体系的原始指标，原始指标工业企业是60个，这里面的原始指标我不一一读了，定量指标是38个，这个很容易，一看就知道了，这38个指标基本上企业可以全部提供出来，就是在它的财务报表上，在他的统计报表上，在他的日常管理登记簿上都有这些东西。把这38个定量指标采集完了，定量采集基本完了，后面还有22个定性指标，定性指标就不一样了，定性指标用好、良好、一般、较差进行评价，这样的评价我们在研究生没办法量化是就全部用定性指标解决，但是最终像这样的定性指标会越来越少，这个定性指标权重在整个指标体系中越少，越容易平，因为个人的认识不一样，这个东西弹性太大了，无法随意评论好不好，每个人的主观判断不一样，那么怎么解决这问题呢，当时我就想到一个命题，或者叫一个认识吧，任何一个定性的东西，经过若干次分解，都可以变成定量的东西，没有什么不可以定量的。我们可以举个例子，"形势大好"，这个是个定型的指标，形势很好这也是个定型指标，但形势很好我们怎么把它定量呢？我们来分解一下，形势大好主要几个指标方式，首先人的情绪、高兴还是不高兴，有多少人高兴，有多少人不高兴，或者形势大好你的奖金能给大家多少，或者你的销售能给大家多少，能够创造出多少，或者其他方面哪项指标，你往下分解最多三个层次定量的东西就出现了，只要有定量分析出现了，把它一定量评价，形势一片大好，原来是三个要素组成的，每个要素超过50%的时候，然后他就是形势大好，如果只有40%，他就是良好，如果只有10%，就是一般，就变成一个定量的指标。在这一点上我们以后在工作当中遇到一些评估类评价类的时候尽可能地把一些定性的指标变成定量的指标，这样我们操作起来就不是我们在操作，大批量操作可以同时进行，没有人喊口号，这个队伍就不会整齐，同样的，没有一个统一的标准，大家评价时就不一样，结果就不一样，这一点我希望大家在今后的评价当中，或者遇到评价工作的时候尽量把一些定性的东西变成定量的东西。这两个加起来一共是60个指标，这60个指标综合起来以后就可以评价了。商业企业这个就不说了，这个大同小异，不占用大家时间，也是定量和定性两大块，定量里面有这么多，定性里面有这么多，然后这些原始指标都要采集好，采集好了以后才有可能对企业进行评级。那么第三个部分就是核心部分，叫参照值，这个评估的参照值是评估期内指标体系结果现金与落后，判定可获得多少分值的标准值；由于我国过去对企业信用评估没有开展，以国家信用代替了企业信用，目前评估参照值仅根据我国实际情况，参照同行业和本企业历史先进水平选定；参照值的指标体系和评估期的指标体系是一一对应关系，选择参照值指标体系时，要注意各指标之间的相关性和总体上的系统性。这是我们在评估中到目前还没解决的问题，我刚才说的没解决的问题，不光我们没解决，标准普尔也没解决，穆迪也没解决，因为解决这个问题要用大数据，而且这个数据要非常大，每时每刻都要有人在搞。就是说如果你的周转天数是120天的时候，你说它是好还是不好，跟什么比，这个比较对象就是参照值，你说他利润今年完成了300万，你说他好还是不好，他跟什么比，他有可能完成400万，还有同类企业完成500万呢，如果跟完成500万的比他就不算好，如果跟完成100万的比他就算好，这里面参照值的体系建立，如果这边是60个指标，那么那边就要有60个参照值，一定要有，在不同行业里面参照值制定本身是一个社会劳动，而不是一个企业形成的，但这种社会劳动一是要有权威机构，再是要有这样的条件，才能拿出这一套系统的参照值,我们评分的时候参照值很难取,非常难取,因为你在你国家好,你在国际上好不好,国际上水平到底如何,你都不知道,我们当时搞得时候国际水平根本不知道,包括这个最简单的参照值,就是价格,工资,我们银行工资,当时我当行长的时候一个月工资90块钱,97块钱,副县级,就97块钱,这工资,银行这级干部工资应该多少,它的参照值多少,你是高了还是低了,没有参照值,就是跟过去当科长时高了一点,那算好还是不好,那打多少分,怎么打,要有比较才有鉴别。好多东西你们有看到外面的天,没有看到一些真正可以作为对比的参照值得时候,你轻易下判断是不准确的,不准确的话就会盲目去制定很多事情,就包括企业管理上的事情,国家管理管理上的事情,人事管理上的事情,那在不能比较的时候怎么办,那就有一个最基本的比较方法,就是什么?就亏不亏,只要赚钱了就好,好到什么程度也不知道,多少到多少之间也不知道,分数怎么办,怎么定,同样的企业,在安慰赚了100万,在上海赚了300万,这个企业哪个好,那肯定是赚了300万的好,那300万的该打多少分呢,100万的该打多少分呢,这个级别怎么确定,跟什么比,他两之间比没有可比性,因为他们都不是参照值,他都是被评估企业,他必须要有个标准值作为比较以后,算出一个离差,这个时候才能够算出来。这个问题到目前很多评估公司都没有这套东西,就是参照值体系,而且就是有,他拿出来亏损和盈利,只要盈利了都是好的,但有的话是不是这样我还不知道,但最起码你要碰到评估公司你就问几个数据,若能答的出来,还算专业,要不算专业。我们都经过大学教育,都知道有比较才有鉴别,没比较的东西你说好了就好,那是因为你没有见过更好的。当时研究的时候要用几种方法解决这个问题,也不是没有办法,就用当时的办法。第一个,就是以同行业的水平为参照值,同行业水平是什,就是平均水平,平均水平很难计算的，因为他有权重问题，每个企业的企业大与小，所有的规模都不一样，就是同行业，就说汽车制造企业，我们国家有多少汽车制造企业，每个企业它的几个指标，它的规模、利润率都不一样，他有个规模经济问题，小企业的利润率和大企业的利润率是不一样的，它的投入、产出都不一样，很复杂的这个东西，那就用简单平均法，有总比没有好，有简单的算术平均法，根据它的权重计算出来它的同行业平均水平，达到了同行业平均水平应该就算是不错了，一般给A了，如果超过了同行业平均水平，那么可以给两个A了，如果你在同行业当中处于领先水平，那可以给三个A了，这个一种取得方法。第二种取得方法是以企业的目标水平作为参照值，一般不用这种方法，但有的也用这种方法，因为企业的目标，例如说我今年要完成30万辆汽车，这是我的目标，而我最后完成了多少，我今年要赚10个亿，我最后完成了多少亿，我今年一定要销售多少量，实际完成多少量，把这个目标值作为参照值了，然后跟他相差的数，也就是这个分数，如果达到了就是一个A了，如果超过了那就是2个A了，如果大大超过了就是三个A了，如果低于他就3个B了，那就往下降了，这是以企业的目标值作为参照水平，这也是一种选择。第三个是以历史的先进水平作为参照值，也就是企业在哪个时期最好，哪一年经营成果最好，拿哪一年作为参照值，如果达到那一年了就一个A了，超过就两个A，再超过一点就三个A了如果没达到，那就往下降了，还有一个是以企业历年数据环比情况作为对比，就是一年和一年比，环比之间一个比例，这个比例我应该比去年增加多少，达到了应该这个目标值就应该给一个A了，如果你没有达到，但是有一个自然增长率，就跟小孩出生以后你只要给他饭吃，就会从一岁长到成人，你不管他他也会长；银行也一样，你这个银行开起来了，你只要正常工作这个银行就会上升，你国家的经济你就是不管他他也会往前发展,这是一个原始的动力,他是有的,他是自然增长,所以在这一点上参照值选择种类和方法,当时我们研究用了四种方法,我估计现在评估体系里面还要用指标的话都脱不了这四种方法,无非再扩大一点,就是国际水平,国际的同行业,国际的目标,国际企业先进水平,无非也就是平均水平、环比数字,都是这些东西。

综合来看,以企业历史先进水平的年份指标为基础,参考同行业水平指标制定参照值比较切合实际。为什么历史先进水平他自己有,这个指标容易取,第二个同行业一般都有主管局,或者都有系统的,都有统计数据的,统计数据比较容易取到,取到以后这两个结合起来制定一个产量水平,要知道 60 个指标,60 个参照值,每一个参照值都要有,每一个行业都不一样,现在是大数据,其实 20 世纪 80 年代就在做大数据,现在都是一些统计数据,而当时完成这些东西计算机还不发达,现在这么发达解决这些问题都很轻松了,这是一些思想方法,我们知道这些参考值选择,就是这种方法进行选择的话,当然现在有大数据、有电脑有联网可能取得解决这些问题的方法可能比过去多的多了,这些东西我希望大家以后在实践当中涉及评级、涉及评估的时候,参照值这一块是作为核心的东西,因为有比较,有了这种比较才知道是好还是坏。第四是评估指标的分析和计算,定量指标的计算就很简单了,我们参加听课的这些孩子们基本上就是加减乘除,就完了,定量指标就没什么东西,一般以年度的指标评估的基础体系,一年一年的,一般以年末的,但有的以半年为评级的怎么办呢,那就采用上年度的,采用上年度年末的,如果是下半年的,那就把它换算成全年的,把它换算一下换成全年的,这样一来把所有的指标算出来。定性指标弹性比较大的,没有严格的判断标准,一般采用模糊定性的方法,通常以"好""一般""不良"等分析意见作为判定结果,很多地方参加评估人员都是专家大家投票来决定，大家感觉好就好，感觉不好就不好，当然里面也有些具体的指标，第五就是企业信用等级的评定，当把这些指标全部搞定以后，如果以企业历史先进水平，或者目标水平作为参照值得话，那该指标体系的每一项指标比较计算计分，一般为评估值达到优于参考值水平，在没有特殊情况下给予该指标满分，评估值与参照值相比，评估值略于参照值，差异在10%以内者，按差异的1%从满分的90%开始扣分，直扣到满分的60%为止。评估值与参照值相比，差距大于10%者，可视其情况给予满分的60%以下的分值。比方企业的短期支付能力，参照值是55%，评估值是54.38%，差异1%的分值是0.15，评分值及给到4.35，这是一种简单的算术扣分方法，下面有一个简单的计算方程，基本上他是连续的，随着差异的连续数据，然后计算一个连续的结果。第二个方法关于企业历年环比数据为参考值得依据应该根据企业历年数据增减情况分析其主客观因素，并预测确定企业享有等级资格时间内的总趋势后酌情评出接近于客观实际的分值。评估指标体系各项分值确定后，将其分值汇总求得总分，据以划分企业信用等级。目前划分等级的暂行标准下面有的，特级信用等级评分在91~100分，信用程度优秀，一级是81~90分，信用程度优良，二级是71~80分，这样三级，还有一个级外，就不及格，信用程度较差。那么最后它的整个评估报告的过程，要形成一本评估报告的，评估报告过程的第一部分就是企业概况，然后第二部分是资金信用评估，第三是经济效益评估，第四是经营管理能力评估，第五是企业发展前景预测，这等于是四个部分，然后企业信用状况总评价，然后把所有的计算表附在评估报告后面，一个说明，这个评估报告就完成了。然后信用等级的有效期限，因为每个企业每年的经营状况都在发生变化，有效期的确定应以企业及三年评估指标体系的计算结果为依据，再参考其波动性情况及发展趋势，通常有效期不超过一年，要是债券和股票就是一次，这次发行是这样一个级别，但他下一次发行就不是同一个级别了，因为企业的风险实在迁徙的，是在变动的，你的经营状况也是在变动的，很多东西在每一个时点上都不一样，房地长政策在没下达之前，房地产在下降，但是政策一下来房地产马上不一样了，价格深圳跳了40%，马上所有房地产企业，向我们某家互联网公司，我们全部房地产抵押贷款，房地产一上涨的话我们所有抵押物全部上涨，那我们风险一下子极度的降低，可以将没有风险，原来我们抵押物的一半足以补偿风险了，因为他价格涨起来了，这个东西就是不同的时点不一样的，一般就是对企业评级就是一年，如果对股票和证券的评级一般就是一次，这次评完了下次再发行再来，每个情况不一样进行评价，众多因素的变化可能每个企业的信用等级发展的变动，信用等级期限评定时需具备一定的灵活性，有效期为一年的一级或特级企业需特别慎重，因为一旦我们评为一级或特级，我们成为3个A企业，那我们给他的授信上就不一样，基本上就是信用贷款了，因为我们银行评级的目的，包括我们以后某家互联网公司对企业评级的目的是为了控制我们的风险，就在贷款之前对企业评个级，我们以后有四十几个分公司，对分公司所辖内的企业都要进行一次评级，评级过以后我们对每一个企业定出不同维度的授信，但时候它一旦需要钱我们就直接给他，就省去了后面再对一些项目的调查，这是一个从战略上安排业务发展的情况，所以我想把这个信用评级给大家讲一讲，到以后我们下一步工作进展过程当中能给大家知道业务发展的方向，该怎么去把握。还有根据企业情况预测企业近期内的状况，定出半年、三个月、一个月的特级或一级信用企业。

在一年期内企业信用确实提高，我们可以提前评定升级，以支持和促进改善企业管理。下篇就是评估的基本程序，程序来说简单一点，大家看一下就知道了。第一就是评估的申请和受理，第二评估的组织和实施，第三就是对评估报告进行评审，第四就是评估结果的信息发布。当时我们是每年都要报纸要登好几个版，对每个企业的信用，因为当时还带有计划经济性质，多数还是国有企业，但现在一般不公布了，但是呢有时候也公布，你看大公国际动不动把我们P2P企业一下子公布一大批，全部拉黑，大家都看到了，每年标准普尔和穆迪也是一搞一大批，实际上评出来的管理好与不好反正我先评出来再说，这个东西是在事先把那个企业的经营状况和信用状况进行一些基本评价，有利于我们对这个企业投资、借款、联合、并购、上市等所有的行为他都起作用，他是用量化的方法对企业进行精准的刻画，也就是大数据，实际上就是统计指标。

接下来，关于实践方面，实践就是把这个信用评级评估报告按照章节给大家浏览一下，浏览一下知道里面内容就行了，因为我说过这个信用评级给大家讲课之前我讲过着不是必须课，是一门考察课，但是呢你懂得这个以后在你工作当中有很重要的帮助，包括对于企业，像对于某家互联网公司这种企业是不做存款的，我们是专做贷款的，专做贷款的话那就对企业的审查就比较重要了，对于企业审查有各种各样的办法和评价，包括项目评估、信用评级，包括供应链金融都是寻找优质企业，优质项目和对企业贷款前一般技术，因为同学们刚刚从学校毕业，对这些具体的东西可能没经历过，这些知识呢给大家做一个介绍，更重要的还是在实践当中学习，不是说靠一两次课就能解决的问题，而你们到了实践当中还会遇到课程当中根本没有研究的问题，因为研究的问题通常都在事后，而实践总是走在前面的，就像我们现在互联网金融企业，没有标准，监管的不知道怎么监管，又不能完全按照银监会对于商业银行监管的标准来，那套标准它只要一管一个企业也活不了，就跟马云在搞淘宝一样，后来我们克强总理说你们过去是违法，在网上开个店，也不用工商注册，也没有登记，然后开个网店就是卖东西了，卖的东西赚钱还不交税，什么东西卖了就卖了，都是违法的，但最后讲一句，我们允许了，允许了就不违法了。那么我们互联网金融现在也是这个状态，你要严格去追求他很多东西要从管这个角度来看，一管就死，它任意找一条都能把你套进去，但现在好在我们某家互联网公司在前些人国务院就派调查组到我们这个地方来过，调查组回去以后把我们在国务院列为试点单位，就是P2P试点单位。另外就是刚一开始我们来到某家互联网公司以后，做的贷款标的比较大，过去最多也就是一两千万，多数都是三五十万，最多的三五十万，一两百万，也就这个水平的，我们现在做的最多的就是六个亿，而且这六个亿全部安全归还。所以这个做的已经很大了，当时银行总行对我们很关心，就把我们一个亿以上所有档案盒资料全部调到北京，人民总行给我们审查过一次，就在前期，审查过一次以后呢这个档案及退回来了，退回来了什么也没说，也没说好，也没说不好。目前我们国家不就这样吗，不说你不好就是好，相当于给我们一个文件允许我们做，他们没叫停你就是允许你做，如果不好立马就叫你提下来，不能搞了，肯定会讲出来，监管部门嘛。但它没说，那就最起码对于这样一个新兴的金融改革、金融探索这个行业里面一些现象，他是认可了，但是认可了没给你正式文件，因为也要考虑到监管部门的难处，他们也要有退路，而给你一个正式文件的话，我们是比较安分守己，要是遇到不安分守己的企业到处乱讲，到处乱传，就变成不是高大上就把自己宣传成高大上了，反而麻烦起来了。所以在这个前提下呢就是说我们现在某家互联网公司所做的一些工作，和目前的一些业务的话大家放心，是符合国家最起码改革的方向，而且改革过程当中我们是下了一番工夫的，做了努力的。而且我们是做到了不违法，不违规，不让老百姓吃亏的，这个使我们的底线，加上我们都是一帮真正从事金融工作30年以上的老同志，在面前如果回到商业银行个个都是很优秀的，在银行都算优秀的，在这个行业里面我们不会输给别人，那么我们这些同学们来了以后，要把你们一个一个培养和锻炼出来，然后真正成为我们互联网金融行业里面一个骨干力量，成为我们第一批互联网里面专业队伍，要把你们培养成一支专业队伍，这真的是一个很专业的队伍。当这个专业队伍的知识构成里面需要哪些东西，在上半节课讲了一下，我们也没有底，我们也只是尽可能地多，包括互联网金融学院，开业的时候几门课，这几门课的话是必须懂得几门课，你包括经济学基础、政治经济学，这个宏观经济学、微观经济学，或者经济学你必须要懂。第二个货币信用学，货币银行学你必须要懂，有的我们在大学我们学过，如果我们没学过货币信用学、货币银行学这本书的，你们一定学，这个是一个专业理论，专业理论不懂搞金融就是开玩笑，连货币理论都不知道还怎么从事金融行业，还有就是会计学原理，工业会计、商业会计必须懂得，统计学原理这些东西不仅要懂，都是要很熟的。其他很多课程，互联网金融里面的课程不知道还要那些，而这些东西你也要掌握，包括网络的使用、网络的构架，还有互联网上的一些规定，像这次监管部门规定我们必须向电信部门申报，它有考虑到信息安全的问题、国家安全的问题，因为互联网上一个网站影响力很大的话，你一旦有一种消息，或者一种舆论在哪里造出来，对整个市场会产生重大影响，所以说微信，一开始建微信群的时候只能建40个，我不知道你们有没有整个体会，现在好像放大了，一开始只能建40个，你不能扩大了，因为怕你搞小团体，怕你搞群体事件，他就是从宣传的需要，稳定的需要，你不能讲这个没有道理，现在慢慢扩大了，我们现在这个平台目前投资者就有60万，而且我们现在还在继续扩大，我们真的动作还没开始，一旦开始以后，那可能是 600 万、6000 万，6000 万上面你每做一个动作影响力就非常大了，在这点上披露的信息都要遵守国家的法律和法规，这点是非常重要的，大家放松下就讲这么几句，后面呢实践这一块就一块一块给大家做个描述就行，企业概况的审查，这里面的几个内容，包括企业的发展史、企业所在地及环境、企业在同行业及本地区的地位、企业的组织架构和人员结构、企业的经营状况、企业设备装配情况、企业获得的荣誉称号及存在问题等等。

第二个部分就是资金信用评估，资金信用评估主要从资金的流动性、安全性、变现能力等不同角度进行评估；涉及五项定量指标，满分值 25 分；这里面就是五个公式，这里面我讲的初中生都能算出来，这实际上就是用原始数据贴上去算一下就行了，资产负债率啊，它分子就是流动资金借款合计加应付及预收款家欠缴税利，分母部分是定额流动家银行存款加应付及预收款加发出商品，算出来以后是反映每百元资产中负债所占的比重，值越小越好；第二个是短期支付能力，它分子是现金加银行存款加应收及预付款加发出商品，分母是流动资金临时借款合计加应付及预收款加欠缴税利，反映公司企业立即偿付债务的能力，值越大越好，这个近似于流动比率，这个是 5 分。第三个是应付贷款逾期率，是应付货款，应付货款逾期率，逾期的应付货款加逾期应付加工费，分母是原材料采购费加加工费支出，反映企业是否按期支付货款，值越低越好，因为高的话总是支付货款总是逾期给别人，违约率越高。第四是贷款归还能力，t 减去逾期贷款罚息支出加展期贷款应计利息额闭上贷款利息支出总额，反映工商企业是否按期归还贷款，值越大越好，也就是贷款的归还能力越强把；第五是货款回收率，本年销售额减期末应收货款比本年销售额，反映企业货款回收情况，值越大越好。指标计算简单，在企业财务报表上有关统计报表上都有这些数据，把数据拿来算一下就知道了，像你们本科毕业，应届毕业生算这个是小儿科，再就是绩效指标，涉及四项定量指标，满分值20分，一是全部资金利税率，衡量资金的使用效率，在两个不同人的手上，在一个人手上都是一千万，但是在一个人手上一年他所产生的资金和利税比另外一个人高，那就比他强，他不一样就看他使用的能力了，这个整个的公式，这个分子是年实现里税额，分母是流动资金加固定资金加借入资金加拨出资金周转数加专用基金参加周转数，这是6分，二是销售收入利税率，就是年实现利税总额比上销售收入（成本价），衡量工商企业盈利能力，值越大越好；三是全部流动资金周转天数，全部流动资金平均占用额比上商品销售收入，衡量工商企业流动资金利用使用效益，值越小越好；四是人均利税额，分子是年实现利税总额，分母是年平均职工数，3分，是衡量企业劳动生产率水平，值越大越好。这些都是简单的东西了。

第四是经营管理能力评估，经营管理能力涉及两项定量指标（10分），三项定性指标（15分），满分值25分；一是合同履约率，公式是1减本企业履约合同个数比应履约的合同个数，满分是4分，反映企业合同履行情况，值越小越好；当然还有一种做法，是本企业合同履行金额比上应履行合同金额数，也是一种方法，根据合同履约情况，适度进行调整，用金额也一样。二是商品资金成本占用率，库存商品平均占用额加发出商品平均占用额，比上年销售成本总额，6分，反映工商企业产品是否适销对路，值越小越好，卖得掉的话占用率就低，卖不掉的话占用就高。三是资金管理能力，企业资金的目标管理、资金分级归口管理、资金自补制度、财务收支计划及经济活动分析等制度的制定及执行，这个是6分，主要反映工商企业财务部门资金管理能力。四是科学管理水平，这个是一个定性指标了，就是产品质量管理、技术管理、信息管理、计算机开发和应用等方面，反映工商企业管理系统的现代化程度在同行业的水平。五是领导层次的综合能力，与同行业相比，领导班子群体结构、专业结构、组织体制和形式，这个是3分，反映工商企业领导班子综合管理能力。这连个定性指标每次评的时候是比较麻烦的，因为他没有比较，比较的东西不客观，领导班子的综合能力就一般企业来讲应该是最重要的，如果企业领导班子强的话这个企业肯定好，如果领导班子企业不强的话企业肯定不好，当然单一的评价和其他的指标评价是结合在一起的，领导班子好其他的指标也会高，其他指标不高，那么这个领导班子怎么会好呢，它两个是因果关系。

第五是企业发展前景评估，工业企业的前景评估，因工商的经营方式、换算过程等方面区别较大，分工业企业、商业企业两类分析；工业企业涉及三项定量指标（16分），三项定性指标（14分），满分值30分。一是主要产品寿命周期，氛围成长期、成熟期、成长前期、导入期和衰退期，它是分开的，根据导入期、成长前期、成长期、成熟期和衰退期五个阶段的不同特点，从销售量和销售价格判定。二是新产品开发能力，近一二年开发的产品值比上全部产品的产值，占5分，反映企业应变能力及技术水平，值越大越好。三是产品出口创汇能力，出口产品比上全部产品产值，反映企业产品走向国际市场的能力。四是工艺技术和装备水平，同行业水平上4分，接近者3分，以下者1分，反映企业生产基础实力。五是固定资产净值率，固定资产新旧的，固定资产净值比上固定资产原值，反映企业劳动手段更新改造情况。六是经验评价，执行国家政策、法令情况3分，其他印象分，被评估企业产品带来的社会效益，整个是5分。这样一看的话整个企业发展的前景指标就是这些指标了。

商业企业因为前四项一样，就商业企业和工业企业发展前期这一块有区别，它这里面商业企业主要是年利税递增率，主要是衡量企业利税还比的发展速度，年销售递增率，反映企业销售速度的环比发展速度，效益资金对比系数，主要衡量企业利税和资金占用发展速度；企业发展规划及落实情况，衡量企业近一二年内经营规划及措施执行情况；第五商业企业服务质量，衡量企业员工服务态度和职业道德，同行业好的5分，一般3分，较差1分；六是经验评价，执行国家政策、法令情况3分，其他印象2分，被评估企业产品带来的社会效益，也是这样的。最后结合五个部分的情况，对企业信用状况进行评估，第一呢是．对前五个部分分别进行概括性总结、各项指标得分情况进行汇总判定，确定评估结果，第二对企业的成绩予以肯定；第三是对企业存在的问题提出看法和建议说明被评估企业享受信用等级的社会有效期限。这就是总评估的内容，当然后面就是工业企业评估评分的汇总表，参照值的确定然后选择前2年或前1年从报表上把它每一项指标全部填上去然后进行评估，最后得分，这是整个指标，就不读了，大家一看就知道了整个表。最后有个附表说明，要说明参照值取得的依据，因为评估结果要给别人一看可信度，你参照值取得是什么依据，是用同行业先进水平还是自己本身企业历史最高水平，还是用的国际水平，还是什么水平，要说清楚，第二是其他有关本企业评估事宜，就是其他有关本企业关于评估的一些在里面没有包含的对象、特殊情况也要把你们列举出来，第三就是各项具体指标的计算分析和评分，最后有个评分的汇总表，这样他的级别也就出来了，这个呢就是信用评级问题我就讲完了，就是整个工商企业的信用评级各大银行都有，但都不一样，都它里面都是用指标体系进行判断，来进行评分，有的就是就向我们这里的一套东西，如果把我们60个原始指标就是一个表，我们到企业去把这个表采集来以后回来运算，当然算是一两天时间来写报告，前前后后两个人要搞到3～5天才能把这个报告搞出来，你要去调查，因为在企业取得原始数据的时候由企业提供不全，还要进行调查，一般评估报告的话从头到尾3个人要用到一个礼拜，两个人要用到半个月才能干得出来，评估的过程如果变成一个软件的话就好很，拿过来以后用电脑3分钟就能解决，现在的很多的银行大系统里面都有信用评级的专门系统，有的直接拿财务报表就行了，我们当时还不是企业财务报表，比财务报表还要多，还有一些其他定性指标在里面，那都不一样，目前还在讨论的问题，包括业类还在讨论参照值的问题，很多都没有，没有更有利的说服依据，现在参照值用动用社会大系统才能搞得出来的，这样我估计很多评估公司都在努力，都在努力做这件事情，包括标准普尔，穆迪都在这些事情，怎么样使这个参考值更客观，然后每个企业与这个参考值相比较的时候能够得到客观的评级结果，这个才是对企业负责的。综上所述，信用评级是对贷款企业和需要对投资企业在投资和贷款前的一个整体和数字评价方式的一个很重要的工作，是我们作为投资和贷款的依据，一个参考，是我们投资和贷款之前对贷款企业的情况有个一般性了解，然后决定，如果是贷款的话就贷与不贷，贷多贷少，期限长短，利率高低，就是对我们决策起决定性作用，这实际上呢就是形成比较化的标准工作了，第二个工作一对一的调查，一个项目评估他是单个的，项目评估是在企业提供申请以后才进行，而信用评级是指企业不提出申请的时候，所有的企业都可以评级，评过以后我有一个档案，企业在提出申请以后有了档案我们可以提供贷款提供投资，它不需要的时候我们给社会提供参考，当然没有那个企业是不经营的，经营评级结果对于它所有交易对手都是起作用的，对他的供货方，对它的销售方，对他的投资方，对他的债务方，所有都起作用，可以说信用评级在整个经济活动当中是有一定地位的，也是很重要一项工作，所以我们某家互联网公司已经定义为互联网金融企业，而互联网金融企业里面还加了一个P2P，也就是网贷企业，这个网贷企业难免对一些企业进行调查，对企业要进行一些评价，那么评价的话对方法和工具我们要进行了解，了解过以后我们在进行工作的时候才能把工作做得更好。原来像这门课应该讲30个课时的，我用两个小时全部讲掉了，因为一是这在大学里讲过，给研究生讲过，给中专生也讲过，也给在职的人讲过，因为它是待培训性质的，但里面又有研究性质的东西，难度不是很大，但是工作量很大，但别是在参照值选择的时候前期工作非常之大，到现在都还没有一个结论性的东西，大家有兴趣的话研究研究参照值，那就有的研究了，反正现在有电脑了有这个大数据了，很多东西下一步在我们某家互联网公司风控这条线在信用评级这一块要加强，还要进行深入的研究，我们每笔贷款，在贷的时候、在投的时候才能做到心中有数，才能控制住我们的风险，才能把我们的工作做得更扎实，更有效。下面一个部门我来跟你们讲讲巴赛尔协议，这个部分是有一定难度的，在界定这个概念就很不容易，我估计你们只是知道，大学本科的时候不可能学，研究生不研究这个方向也不可能学，就连银行这边能够掌握巴塞尔三里面全部内容的人，包括中农工建交里面我估计不会超过一百个人，就是我们国家熟悉这一部分的人，但这个东西却又很重要，国际的监管规则就是巴塞尔协议，巴塞尔协议是全世界资本监督和控制的组，在瑞士的巴塞尔开过一个会议，开过以后定出一个资本管理和银行风险管理的一个准则，大家都依据这个准则来管理，那么在世界银行和每个国家与国家之间进行交往的时候都要以这个来衡量对方银行的支付能力，因为企业与企业之间一旦产生了交易就有支付，国际上的支付和国内的支付也一样，有很多合同定了以后他不是马上给钱的，他有开信用证，国际上的贸易一般先有信用证，信用证等于是一种付款凭证，但里面带有条款，就是说我跟签，进口一笔货物，美国的出口商跟我过的进口商签订合同以后，中国的银行要向美国的银行支付钱，支付前之前要签一个合同，合同里面有很多条款，这个条款搞完以后，我们银行也不是先把钱给，我们先要有信用证，那么信用证拿到以后，信用证要进行审核，要查不符点，如果没有什么不符点的话我们就要根据信用证条款进行付钱了，那么开出信用证的银行，到底是个什么水平的银行，包括我们出口，我们国家出口到世界任何一个国家，那么对方的而进口方就要对我们付款，那么支付货款通常不是直接打钱过来的，都是那个开户行直接开那个信用证过来，这个信用证信用度有多高不知道，很多的国际之间直接贸易对手是谁，什么规模都只是介绍，它的履约能力到底怎么样也不知道，那么一般能开出信用证的银行一般信用是比较好的，但对这个银行的级别，管理的能力和风险的能力是不知道的那么国际上巴塞尔协议就规定了银行与银行之间的标准，就是每个银行是按照什么规则来管理银行，大家才可比，这个银行好还是那个银行好，达到一定级别上的银行开出的信用证就有效，全世界所有的银行都愿意接受，那么在银行开户的所有的客户在往外支付的时候就没有问题，那么跟国外的客户做生意的时候对这个企业来说就是个强大的后盾，也是个好的条件。但如果这个银行信用不好的话，开出来的信用证就没人要，那么，即使有信用证也不会给你货，因为你这个银行信用本身就不行，你这个信用证不行你看这个信用证，到时候万一货给了可银行没钱怎么办，没钱就是违约了，不支付了，但是货已经给出去了，那不就吃亏了吗！因为国际贸易是经济一体化以后一种非常经常的行动，每天都有，像我们人民币都马上要国际化了，非常正常，每天都有，这样一来对银行的信用等级，对银行的质量就非常重要了。

那么在20世纪70年代就搞了巴塞尔协议，叫新资本监管协议，然后巴塞尔Ⅱ，再然后巴Ⅲ。我参加了巴塞尔Ⅱ在北京的讨论，当时包括美国财政部的很多国家代表参加，规模很大的会议，对当时巴塞尔Ⅱ很多东西都开始讨论。但是巴Ⅲ跟巴Ⅱ差别不是很大，里面只是加了一个部分，实际性东西没有改变，都是内部评级法，都是资本充足率，尽管到最后分出一些标准法、初级法、高级法这些东西，所以讲在这里作为一般常识给大家做个介绍，因为这个内部评级法主要是评定银行里所有的风险资产的违约率和违约概率、损失度，这个东西。一讲到银行的风险资产的话，那就是好多种，所有资产都称为风险资产，包括贷款、信用证，还有银行在银行的存款，银行存款主要在人民银行，因为人民银行三个定义嘛，国家银行、发行的银行、银行的银行，就是搞银行的人都知道，所有的银行都知道在人民银行开个户，包括存款准备金、二级备付金、再贷款都是通过这个账户进行运作的，所以说每个银行在人们银行都是有交割的，另外一个，银行与银行之间拆借都是有的，那么在人民银行所存的现金风险为零，对于信用贷款，它的权重就是100%，只要是信用贷款全是100%。如果你有100亿资本金，放出去的都是信用贷款的话，那你这个资本充足率就糟糕了。如果是担保贷款，一般是50%，主要是抵押贷款，这个就计算资本充足率的公式。资本充足率的公式分子部分是计算核心资本和附属资本，分母部分就是所有风险资产加权的总和，包括信用贷款、现金、银行存款，库存现金也算，另外还有抵押贷款、担保贷款，乘以不同的系数加权一比，然后就是资本充足率。当前国际上的资本充足率估计是8%，我估计我们国家通常都达不到，如果达到也一定是假的，这我知道的，没那么多钱，主要是以国家信用在保证这些银行不会出问题。那么对这个内部评级法我从概述角度给大家做了介绍，这个不要求大家掌握的，了解就行，银行采用内部评级法来自行估计风险系数，并以此决定某一风险暴露的资本要求，估计的风险参数包括违约概率（PD）、违约损失率（LGD）、违约风险暴露

（EAD）及有效期限（M）。内部评级法是以计量非预期损失和预期损失为基础的，风险权重函数产生的资本要求对应于非预期损失部分，预期损失单独处理。这个东西如果你不看报表不进行实践是需要大量时间去解释的，有些东西你听不懂，因为我搞了这么多年，银行真正能懂这块的人很少很少。日常工作中一般不涉及这块，对银行的监管部门监管的时候和国际上对银行进行评价的时候会涉及到这块，主要是监管。

你进入金融行业连巴塞尔协议是什么、内部评级是什么、资本充足率是什么、五级分类是什么都不知道，还叫什么金融系统，还叫什么金融从业人员。当然我们现在有很多担保公司、小贷公司可能很多都不知道，但我们某家互联网公司，进了某家互联网公司的人必须知道，这个风险暴露的分类，包括公司风险暴露、主权风险暴露、银行风险暴露、业务风险的暴露、股权风险的暴露，这里面很多，这个就是介绍，一般知道，这里面包括风险参数，包括最低条件，包括风险权重的系数，这个内部评级法里初级法和高级法，标准法没说，标准法更简单，是外部对内部的评价的，就是由外部的机构对银行内部的评价的，银行通常提不出他们所需要的数据或者不愿意给他们这个数据，所以标准法就没办法实行了，巴塞尔Ⅰ的时候就有这些东西巴塞尔Ⅱ就变成了内部评级法，就是搞了一套东西大家自己评，这个监管部门是由国际上巴塞尔协会来监管你们各家银行，然后互通有无，因为你做事按照这套规则，我们都可比了要不然大家比都没法比，资本充足率都可比了，如果你不用资本充足率的方法，你这个银行好还是坏都不知道。国际每家银行都有各自的方法，你不统一一个规则没办法比，一个比较好的银行对国家的发展，特别是进出口意义重大，如果你不好的银行人都不相信你，扶不上来。所以在初级法下面银行自行估计违约概率，其他风险参数就依赖监管部门的估计；高级法下，银行在满足最提条件的前提下自行估计违约概率、委约损失率和违约风险暴露，并自行计算期限。两种办法下，银行都必须一直使用本框架提供的风险权重函数来计算资本要求。

那就是说，风险权重函数是国际上统一规定的，每个银行只能把原始数据往里面装，你自己不能搞另外的东西，装进去以后计算出来的结果通常是国际之间可比的。

这个内部评级法的机制在不同资产类别中采用的 IRB 由于数据局限性的原因，监管部门允许银行一个整体集团逐步分阶段实行内部评级法的计划。因为它这个是慢慢来的，很多国家，包括第三世界国家，它也是，包括银行都看不懂，不知道怎搞法，就需要引导的全世界的所有的国家银行都朝着这样一个巴塞尔协议监管的方向靠拢这样在全世界经济往来的时候就有个好的支付背景，使我们的经济往来健康向上发展。因为跟我们信用卡开始，过去我们都没有信用卡，信用卡一开始的时候大家都不知道信用卡怎么做，怎么用，国际 VISA 组织、万事达组织到中国来进行培训的时候，往往培训的是收单，为什么要培训收单呢？不懂。实际上是最重要的是受理信用卡的商户，受理过后它向谁去要钱，是这么个东西，你信用卡在这里，一划，钱到它那里去了，但它有个单子，单子上有哪家银行给，汇在哪里，收单的节点非常重要，它是培养收单的节点，怎么去收，特约商户怎么去建立，是从这个地方建立起来的，它有个统一的规则，实际上国际上的万事达组织也好、VISA 组织也好，它都是有这样一个统一的标准的。我们国家信用卡参加这些组织，也有统一的规则，实际上我们国家的信用卡也可以出国。信用卡的组织每天很赚钱的，每天都要交费，而且划一比万分之零点零零几都不得了，因为民间消费量太大了。实际上我们国家在北京开会的时候就提出了这块，就产生了中国银联，中国银联就是中国的信用卡组织。所有银行都必须加入这个银联，然后再收单的时候大家都有个比较，统一的规则，你哪家银行发卡的时候前几位代表什么，中间几位代表什么，后面几位代表什么都是个统一的规则，这样步调一致，叫信用卡的市场的发展、信用卡的管理。然后我们国家的信用卡标准再跟VISA、万事达进行对接，才能形成一个规则的共同市场，那么这个内部评级法也是这样，规定一个各家银行必须遵守的计算或是衡量管理的一个模式，使得各家银行可比较，你没有搞好，你向这方面进行努力，努力过后你们国家的出口商在支付或是银行之间的往来都有一个相互牵连度。银行搞好了，企业也就有了依靠，因为它没钱银行可以贷款给他，可以帮他，在交易中就会产生一些正面的效益，这个是讲在分阶段计划中，在同一业务机构内跨资产类别采用内部评级法；在同一银行集团内垮不同业务机构采用内部评级法；对某些风险参数采用从初级法向高级法过渡的方法。这都是步骤，但有的国家都不一样，所以说这里面能涵盖全世界的，这里面就是讲到风险加权资产公式，能看懂就看懂，看不懂就算了，因为这个很专业。

另外就是中小企业的调整，这个知道就行了。专业贷款的风险权重，我刚才讲了，商业房地产监管分级和专业贷款的非预期损失风险权重不一样，违约率、包括其他类是70%、95%，只要大家知道就行了，高波动的房地产是什么样一个状态。下面就是公司、主权及银行风险暴露的规定——风险参数、违约概率，违约概率事实上就是对公司和银行风险暴露，内部债务人评级所对应的一年期违约概率与0.03%相比，取其大者。因为你一大于0.03%，你就完了，举一个最低的标准，肯定比这个大，一般都比这个大。对主权风险暴露违约概率取内部债务人评级所对应的一年期违约概率，这是从时间上面来讲。违约损失率，初级法的估计，另外就是高级法的估计，这个你们回去自己看看，我的要求就是了解就行，难度系数不是一般的大。

下面优先级风险暴露中有担保部分的最低违约损失率，它也是一个标准，应收账款是35%，最低的违约损失率是35%，房地产是35%，其他担保物是40%，风险暴露最低的担保水平，两个是30%，然后覆盖全部违约损失所要求的超额担保水平，一个是125%，一个是140%，这个就是折扣，除一下就知道了，它要求覆盖35%的违约损失率，那就是125%来覆盖应收账款的数量，然后你除下这是几折，125%就是8折，140%估计是7折，就是覆盖它的风险，要这个1个亿的贷款，必须要有1亿4的抵押，就是这个道理。倒过来算就是7折、7.1折，因为它有可能覆盖全部违约损失，因为它是35，最低违约损失率，35%可能没了，没了的话我要有大于它的来保证一旦出现违约银行贷款要不吃亏，数量要140，大于35。它这个数据从哪里来的，是从上万个样本里计算出来的，所以这个样本的选择，一般小银行是算不出来的，在中国只有中农工建四大行能算出来，其他银行算不出来，当初在发展银行我去参加的时候就是听听哦，我们占多少多少，没有多少万户的样本，你最后算出来的违约率不准确的，这个都不准确怎么能起主导作用呢，国际上采用的巴塞尔协议里公布的数据，那些参数它是从美国、欧洲国际上最大的银行几万个客户样本里算出来的违约率和违约概率，以不同的担保形式，违约概率都不一样，然后算出来覆盖违约概率的最低的担保要求，你们听懂就懂，听不懂就算了，我看到很多同学眼是直的，好像听懂又好像没听懂（笑），这里面确实是比较深的东西，给你们讲下就算了。

然后公司、主权及银行风险暴露的规定－风险参数，一个是违约风险暴露，有公式的，一个是有效期限，都是有公式的，不讲了，不想耽误时间了。然后风险加权资产，对于每种不同的资产，违约率、违约概率和风险的暴露的规定，标准都不一样，取的这个参数，包括0.15这些具体的参数都是国际大银行从起码一万以上的大样本中计算得来的参数，彻彻底底的大数据计算的东西，所以说国际都遵循这个原则来进行计算，每家银行整个的内部管理水平。

那么零售风险，它有零售风险管理办法，它的应用不一样，但是原理也完全一样，主要是从风险参数，风险参数从大量的样本中取得的，然后拿这个参数来制定我们对每一个违约概率和违约损失率的依据，它搞个0.03，这个0.03很低，等于是零，接近是零。保证担保和信用衍生品的认定也是一个道理，保证担保和信用衍生品的认定，违约风险的暴露是一样的没什么区别了。然后就是股权风险暴露的规则——风险加权资产，这个风险加权资产就是不同的担保形态它的风险权重不一样，风险权重不一样的话，在计算资本充足率的时候就要进行一次换算，然后才能换算出真实的资本充足率，这也都是国际规则，然后就是股权风险，风险参数规则也一样，股权风险暴露的计算主要是三个方面，对于按照公允价值计价的股权投资，价值的变化如果直接体现在损益中，则风险暴露等于资产负债表上的公允价值。因为我们凡是股份公司，都有公允价值问题，股价到底值多少钱，公允价值问题，公允价值通常是由会计师事务所去计算完成，会计师事务所现在国际上认可的就四大，经济类的学生应该都知道，普华永道……然后处理购入应收账款的规则事实上都是在基本的风险权重和风险暴露的条件以及国际上规定的参数基础上不同品种操作的一些关系，当然一般情况下不会搞这么细，只有监管部门会搞计算。

另外就是预期损失的处理和拨备的认定，拨备实际上是准备损失的准备金，在我们银行的拨备里一般有两个，一般准备金和最后五级分类准备金，另外在利润里面还可以提准备金，一般风险资产按照1%计提，然而根据五级分类的情况，从正常到次级到关注到可疑到损失，根据不同贷款状态分到五个盘子内，每个盘子里面计提的贷款准备金都不一样了，正常的一般计提1%，损失的一般提100%，这样一来一个银行、一个企业的风险准备金的覆盖资产倍数就是你这个银行优劣的评判标准了。拨备就是一个灾备，就是备份的东西。

我们以后在计算打折的时候要知道打折怎么来的，打这么多折，它的覆盖、系数该是多少，到我们国家应该是多少，国际上是不是有差异，这个差异有多大要计算，这个计算要靠我们可能算不出来，以后可能能算出来，然后再计算我们新的，跟巴塞尔接轨，巴塞尔协议跟银行的监管跟巴塞尔对于互联网金融的监管到底有没有这种必然的关系这个还是个题目，因为互联网金融本身是个轻资本的产业，不是以资本充足率来计算。因为目前的P2P是个交易平台是个中介，不是个信用平台，没有信用背书在里面，我们现在的本金垫付是一种姿态，是一种营销手段。按照本质来说，只要是一一对应，那都是你们投资者的事，最后巴塞尔协议到最后起多大的作用，最后还没有定论，但是我们从事的金融行业，对金融行业的很多知识，应该有个了解，应该懂得，最起码知道它在哪，要想研究的时候，就要花点工夫，知识会应用，那就可以了。就像我今天讲的信用评级也是一样，这个东西大家懂就行了，因为很多东西都在改变，也在进步，过去的东西今天是新的到明天未必是新的，到后天又变成更新的东西，每个人都要不断地学习。我经常跟我们某家互联网公司的高管说：活到老学到老。一点都不会假，你一天不学习，明天可能新东西就不知道了，你不知道了怎么去带队，怎么去管理，怎么去做好示范，你就没有办法去。你只有学，学的多了，就知道怎么做了，我崇尚那种认识，就是我自己也是这种认识，就是人跟人之间没有区别，都一样，没有谁比谁聪明，如果你要讲，人跟人之间要真有区别，那就是认识。认识什么，那就是谁能把谁能当做一只笨鸟，每一个人当自己一个笨鸟的时候，这件事别人做一遍，我是笨鸟，我该做几遍，那我至少做十遍，我不相信我这个笨鸟做十遍不如你这个一遍，那世界上所有的成功者都是以时间和代价，以自己刻苦努力得来的，如果你一不小心还有点聪明呢，那你做十遍不是更好，是不是？所以说我们在同学们艰苦的工作中把自己当做笨鸟，人飞一遍，我飞十遍，你跟客户一星期联系一次，我联系3～5次，用量来取胜，量就需要精力，你这个精力花在你应该花的地方，只要量够了，你一定成功。这是一个认识。

　　第二个认识就是把所有简单的事情都当专业来做，一件事情我想去学，我想去做的时候先看专业构成，然后从这些专业的角度一步一步去做，走一步就进步，前进一点就前进，掌握了就掌握，如果你不从专业角度来看，道理、理论、办法，如果你不从这个角度来看，你永远进步不了。可能过两天你就忘了，你没办法跟别人比较。这个可能你现在认识不会有那么深，我是有这个体会的，当个笨鸟，从专业来出发，再也不偷懒，不懂就问，错了就改，那还有什么解决不了的问题呢？某家互联网公司本身是个新的企业，新的企业未来有很多很多新的东西。正需要我们这些年轻人，正需要我们这些大学生，过去大学生是天之骄子，走向工作以后未来充满了阳光，靠你们每天的努力，打造你们的未来，希望我们能进入这样一个新的行业，达到你们想达到的进步，我们会毫不保留地将我们过去所经历的一些经历，所看到的一些好的和不好的东西告诉你们，给你们提供一些参考，让你们少走一点弯路，少吃点苦，但是你们付出是你们自己的，如果不付出再好的教练也没用，再好的老师也没用，最重要还是自己的，然后才是新的东西，所有的成功都是有汗水的，没用投机取巧的东西，如果你想比别人优秀，只有一个办法，你做的比别人更多。前两天我们老家一个在校的大三学生，因为刚和他在合肥认识，但是因为他不知道我是干什么的，他问我干什么的，我说我是干保安的，他说你这么大年纪还干保安啊，我说我退休了，竞选保安队副队长，我们小区那的副队长，想当官，搞个副队长当当。他说那你还不错，到后来突然哪一天在网上看到我的相片，说你骗了我这么长时间。我说这个不要紧，你把我当保安不就行了，其他不重要。最近突然跑到深圳来，打个电话来：我到深圳来了，放暑假了我想找个工作，我想到你这边来干活，跑我办公室。我说你想干什么，他说你让我干什么我就干什么，我就全靠你了。我说你可千万别靠我，他说那你说我该怎么办，我说你听话不听话，他说听话。我说第一，到人才交流市场去，自己去找份工作，不管什么工作，你这么年轻，大三的学生，不会找不到饭吃，听话不听话？想了半天，你这个地方，还能容纳不了我一个人找点活干吗？我说不是，能够成功的人一定要在市场上自己去找，让他去经历那些别人没有经历过的苦，让他去摸一遍别人没有经历过的场面，你如果有这个勇气，你的起点才会。这个孩子还真不错，当然我最后给你一句话，当你没饭的时候来找我，我保证你不会饿肚子，我只保证这一点。你没饭吃我不能把你饿死，你只要没饭吃来找我，随时保证你有饭吃，其他我不管了，毕竟你才21，要靠自己。最近给我发了条短信，谢谢张老师，我打了一个礼拜的短工，每天找个地方就给人家打短工，现在我终于找到一份工作了，我稳定下来了，还是网贷行业的企业。他说我谢谢你，因为你的几句话，让我第一次走向市场去感受我自己的不足，也感受到我自己的强大。我说很好，如果有困难没饭吃还能来找我。所以讲很多的事情都是这样，要想成功不要去依靠什么，依靠自己，依靠谁都不行，一定是依靠自己，如果你想比别人成功，一定要吃别人没吃过的苦，你要想比别人做的好，就一定要比别人做的多，没有什么投机取巧的，更没有认为自己比别人聪明，不要这样想，没有谁是笨蛋，当你把别人看做笨蛋的时候，你一定也不错。这一点我们这些老同志，一个金融界的老保安，给大家的一点心里话。今天的课就讲到这里，后面的留半个小时给大家提问，大家可以交头接耳一会，如果有什么问题愿意跟我交谈，提出一点问题，如果不好意思交谈可以递纸条，因为我在清华给他们上课的时候最后都有这个节目，那纸条上写什么都行，一个就是给大家做个交流，一个是想了解下大家想知道的事情，另外还有今天的课还有什么没讲好，没搞清楚。下面大家开始探讨了。

Q&A：

深圳分公司周鹏辉：刚才非常精彩的讲课，我提一个问题，请您评论一下。

张宇总裁：你说。

深圳分公司周鹏辉：我有点紧张。

张宇总裁：不要紧张，我就是保安，你紧张什么，你把我看成门口的一个老保安，你就不紧张了。

深圳分公司周鹏辉：我们国家著名的一个经济学家郎咸平提出一个巴塞尔协议的阴谋论，他说什么呢，因为巴塞尔协议是西方国家主导的，全世界范围内加入这个组织的银行都应该遵守的监管准则，他提出的阴谋论实际上就是限制西方国家以外的国家，比如说当时的日本，因为巴塞尔协议提出比较严格的监管的要求，资本充足率要达到当时的8%，是要限制分母的增长，分母是加权资产，也就是说信贷是受限的，投资就萎缩，经济就进入滞涨，当时日本20世纪80年代后期跟20世纪90年代初期的时候，遇到这个问题，他认为就是加入巴塞尔协议中的招。另外一个就是在美国次贷危机后，美国也宣布，暂时不再适用巴塞尔协议Ⅲ，暂时退出这个。但是我们国家在2012年出了资本管理办法，就是接着巴Ⅱ、巴Ⅲ，我们理解为新资本协议这样一个，比巴Ⅲ更严格，就是提出了更多的要求，对工农中建都提出了11.5%的资本充足率的要求，可能以后还会通过巴塞尔协议的第二次注册制，监管这一套只能以防一次，甚至给人加冕的方式，这么一个情况下，我想请张总评论下，为什么有时候西方国家会退出这个协议的时候，我们还这么热衷将这么一套东西运用到国内的金融业，谢谢张总。

张宇总裁：这个问题看你怎么去看，因为郎咸平我跟他同台在清华大学讲课，他思想比较活跃，也是受大家欢迎的一个经济学家，他的这种，包括刚刚我们这位同学讲的巴Ⅱ、巴Ⅲ在世界上对包括日本，包括我们中国的银监会，对于巴塞尔协议的运用方面，有完全不同的立场，实际上评价我们的政府为什么这么做，有什么样的意义，这个东西就很难说，因为市场经济最后所决定的东西由市场自己来解决，那么政府实际上也逃脱不了市场规律的，政府实际上也是政府的一个因素，政府也是市场的一个成员，如果你从价值规律角度来讲，你就是你不承认，你也是它的一个成员，也是它的一个行为，那么你这个行为对整个国家的市场产生什么样的作用，只有通过实践你才知道，那么政府这样做，那最后要是提出对经济的发展是好，还是不好，这样的监管，如果资本充足率提高到11%，这样对经济到底是好还是不好，我没办法判断，因为判断这个问题需要大量的数据，孤立是无法判断这个东西的，资本充足率的提高对于银行来讲风险是降低了，对银行来讲，而且对于投资银行的人来说，风险也降低了，但是对于银行的银根在某种程度上抽紧了，就是社会上资本的供应量减少了，他会有这种情况出现，看你在什么状况下采用这种收紧银根的措施，他措施不仅仅是这一种，不仅是资本充足率，他有公开市场业务，他有存款准备金，他有利率政策，这都是中央银行控制整个国家货币经济的手段，所以说你提出这个问题是好与坏我不敢评价，如果说把日本搞惨了，或者说美国不理巴Ⅱ、巴Ⅲ，那都是他们各自政府市场角色中所采用维护他们政府利益的做法，我们的政府也不例外，最后的结果到底是什么样，只能观察，因为这是一个高阶导数，我只能这么回答，谢谢。

汕头大学古力：张总您好，我是二批学员，我想问下一个很简单的人事问题，因为我们知道我们从哪里来，但我们不知道我们到哪里去。而且我们现在作为刚进入社会的人来说是比较担心这个问题的，而且这年招了300个人，在企业来说是不多见的，我们非常想知道我们会怎样被安排，是根据什么被安排，是专业还是学校，我们想问下这个实际的问题，我希望能够得到正面的回答，谢谢。

张宇总裁：我肯定正面回答，我刚刚在前面讲过了，我们这一批毕业生到了某家互联网公司，是我们某家互联网公司战略发展计划中的重要一步，因为某家互联网公司附带社会责任，我有一种使命感，因为金融行业干了一辈子最后到了互联网金融行业，这里面一定要有队伍要有专业力量，所以我们做了在一般企业不可能做的300名大学生一把从13个院校搞进来，这个动作是很大的，你讲的一点不错。但是你们进来都是这个企业的宝，也是这个行业的宝，是这个企业的未来也是这个行业的未来，至于你们要到哪里去，一定会跟你们商量来决定，一定会跟你们商量一起决定，因为我们现在有45个分公司和筹备组，也有深圳的本部，那我们将根据每个分公司的需要和自己本人的意愿，还有家庭是否能就近，还有你们的爱好还有其他的偏好，都可以结合在一起商量，可以自己填志愿，我们有分公司的范围内自己先填志愿，填过志愿以后最后服从分配，还是要服从分配。但是我们人力资源部门，我跟我们周总说了，一定要让这帮同学们心情愉快的来我们公司进行工作，包括我们周总说过，这是个原则。但是，服从分配也是需要的，到最后要真出现其他的情况，我们都可以在一起商量，我是想我们这批大学生到了我们红岭创投以后能健康的成长，我不知道是不是回答了你的问题，还要怎么正面？因为我讲我们有45个分支机构，包括深圳在内，根据你们本人的意愿，还有我们所有的地区人家愿意要。

汕头大学古力：因为现在我觉得有个很大的问题，我们很多同学意愿去的城市相对来说比较集中，像是广东省内，或者说一些比较大的城市，那么就肯定会出现一种问题就是，像总公司是很多人想来但名额肯定不够，或像深圳分公司、珠海分公司、广州分公司肯定很多人想去，那肯定会剩下很大一部分人意愿不能得到满足，那这部分同学应该怎么去协调，公司会怎么去做怎么去安排呢，谢谢张宇总裁：你有什么建议，我听听你的建议。

汕头大学古力：因为我不是人事部的。

张宇总裁：我想听听你的建议。

汕头大学古力：我觉得我们现在最好的情况是我们很希望知道我们现在会分到哪里去，首先我们要知道，对，然后我们才会根据这个结果去进行调整，那如果到时候公司没有让我们知道这种情况的话，我们会非常的惊慌、焦虑，吃不好，睡不好。

张宇总裁：那你的意愿就是想先知道，你也知道，如果想全留在深圳，这种可能性很小，或者全留在珠海，或者珠江三角洲，这种可能性很小，肯定是全国各地。但我们现在所有分公司所在的地方应该讲都是不错的地方，而且这些地方都有离你们家比较近的地方。当然你要真想留在深圳的话，你还有最后一项选择，因为深圳还有其他的企业，这个我们不阻拦，这个你阻拦你就没意义了，每人有每人的意愿嘛，如果你过几年还愿意回来的话我们还欢迎。

汕头大学古力：那我明白了。

张宇总裁：那么我们以后，从我们校招方面也要走这样一个经验，就是在来的时候，就我们招聘的时候人员就要锁定，就是区域要锁定，如果不锁定就会出现这样一个情况，他也不是不服从分配，因为他有这个意愿。但如果说我们同学知道到深圳要服从分配，到最后又不服从分配了，那是什么问题？是不是，那是品质问题。如果讲没有服从分配这一条，那也另当别论。如果讲有这条，到时候把你分配去了，又跟你谈了，你尽管有你的意愿，当然还是服从分配为好。当然我们也不会让哪个同学不舒服，真正觉得很为难了，要调整到近一点，比较合理，因为100%的合理是不可能的，永远不可能，都是相对的，这个事情到时候再商量。

互联网金融学院孙福好院长：我也插一句啊，我讲具体一点，我们公司现在四十多分公司，金融类一定是嫌贫爱富的，这是资本的本性，那些穷的地方，我们不敢去开分公司，这是一个大概念。这个大的方向好了，就好了。第二个，这次分配是初次分配，张总可以调你来当秘书、秘书科长，我们每个部门可以把你调上来的，去年我们58个大学生全部调上来了，特别需要人。第三个，我们企业的文化，张总讲了不要偷懒、不懂就问、错了就改，还有一句话张总没讲绝不忽悠，我也是老同志了，就是你在外面转一圈，你知道人品性有没有问题，最后发展，你回来张总真的要你，经理室的都会要。问题是你信用有问题了，没法要你。我来了之后张总这个企业文化我们不是表扬人呢，我现在要把张总四句话就是总结来讲再说一下，一句话，张总真是用心良苦，我不是擦鞋、拍马屁。第二句话，他真是对你妹期望很高，他曾经说过，这事里程碑的事情，你要把这件事当里程碑的事情来看。他刚刚讲了一个宝，我也把张总的话给你们讲，真的把你们当宝。第三句话，真办百年老店。第四句话，真希望你们接班。我开始也讲了，包括周总监，包括室经理，包括张总，下面还有几个副总裁，要靠你们接班的。

一个人志存高远、志在四方、志在必得，这点很重要。他不是来挣这个钱的，我跟你说，多少银行行长可以当的，他都不去，宁可在家种菜，拉小提琴，写书。最后我们周总请他了，我们觉得合作很愉快，他说张总你喜欢什么车，他说我喜欢宝马，就给他买了个76的，他自己开的一百来万，所以说张总跟董事长他们，我们这套班子，合作文化真的是很好，张总自己买这个车也没问题，说明我们这个文化，你真的要看，人文生态文化是第一位的，一个公司的文化不好你干什么啊，所以说张总真的是把它当成百年老店在打（造）的。我们能在这里培训，比我们有钱的公司不一定愿意花这个钱，我们在疯狂的培训、疯狂的学习，我们半年在网上要放六十多门专业课，线下还在往上挂，我跟张总讲，我们争取一百个老师，一百门专业课，在随意学上，张总已经签了字了。所以说这个精准培育、快乐学习，我们就按照这个来实行。所以我在这里多说一句，真的大家把这个事情想明白了，不要拘泥于细节，关键是看你对公司、对社会、对家庭有什么用，有什么价值，你发挥了你的作用、你的价值，都不是问题，我跟张总我们工农商业兵都干，最后是这个，靠这个选择还是要点本事，没有点本事，张总就要你们学本事，多赚钱，赚钱张总就给你们发，就提拔你。哪个公司去年培训现在能当室经理、副经理，我们有的室经理走了，最后他要回来，照样欢迎他回来，胸怀我是没有的，你跟我吵过，或者说此处不留爷自有留爷处，或者说姑奶奶走了，姑爷爷走了，你然后又回来了，那怎么行呢？行，你只要对企业有用，对社会有用，就没有问题，好不好，我多说两句。

厦门大学潘迎：张总你好，我是厦大的学生潘迎，非常感谢您的讲解，我这里有个问题，就是根据国家的政策，基本基调还是解决中小企业的融资问题，走的是普惠金融的路线，然后我也感觉信用评级是非常重要的，但是大部分P2P网贷公司服务的，其实它的债权还是非常分散的，标的额比较小额的，那么如果请比较专业的评级公司来做的话，那么它的成本就会很高，那么网贷公司该去怎么处理，那么如果公司自己做信用评级工作，建立自己的信用评级部门，它的数据来源又会在哪里，然后我感觉信用评级是非常专业的工作，专业性和准确度如何去做到啊？谢谢。

张宇总裁：我来回答这个问题，我们这个同学对于信用评级还是非常重视认可，只是担心成本和可能性。从我们信贷管理，信用评级永远是个方法，不要它也行，要它只会加强，在这个过程中我们尽量把它做好，我们首先对我们所贷款的企业不会要其他企业来评级，因为也不是非要不可的，我们很多银行也没有信用评级，放了那么多贷款也放出去了，但是有了它，是对我们战略发展中可以一下子好比一个地区我对它100强企业全部进行评级，评估了以后我的目的不是向社会展示，是给我自己做参考，我的评级目的是这个，你懂得怎么选择好的企业，就跟女孩子去找个男孩子是一样的，身高啊、家庭背景啊、智商啊、情商啊，是为自己服务的，我们这个信用评级也不是向社会公布的，我们不是专门的社会评级部门，我是为我们所有的投资来做选择的一个条件，我们自己自己做了个方法，就是选择企业的一个方法，大面积的选择企业的一个方法，这样的话只要有利于我选择更优质的企业来进行我们的贷款，我们的目的就达到了，至于成本问题，应该不算高，对我们来说不算高。如果程序一旦应用起来了就非常简单，把这些数据采集一下，客户经理去采集一些原始数据不算什么问题的，然后拿了去评价，基本上可以去贷款，它还有其他的抵押物啊，都要看的，信用评级是对一个企业整体的面貌进行社会化的刻画，实际贷款的时候我还要看它有没有抵押啊，没有抵押是不能做的，抵押率到底怎么样，变现程度到底怎么样，从这个角度去进行审查，它是个手段，它不是个目的，更不是个结果。所以我们努力把它做好，有利于我们选择贷款项目，作为一个很好的工具，谢谢。

台湾大学王君君：张总您好，我是台湾大学王君君，在台湾大学读研。我有个问题，因为之前大家都问的比较微观，我有个比较宏观的问题。因为我们看到红岭里面的高管都是从传统行业银行来的一些牛人，加上我们这两届的新生都是集中来源于财经类的院校的，金融类的专业，加上未来会在全国各地几十个城市建类似银行支行这样的分公司，然后我们也很少看到红岭向其他互联网金融公司平台挖一些技术人才或者我们之前也看过我们红岭目前的组织架构，看到技术类还有运营类也是非常瘦小的，对，那么我的问题就来了，基于现在红岭在互联网金融上面的话，未来的战略布局和重点可能会是什么样子？

张宇总裁：你提出的问题实际上就是红岭未来发展的定位，这个题目很大。

今天我可以跟大家说一下，今后的红岭是什么，我为什么到红岭来，我可以去很多的传统的银行去，因为我看中了红岭，就是因为技术的发展在这个平台上两头无限大，一头是投资者无限大，一头项目无限多，只要经济发展不停，项目就每天都有，而且每时都有，而且越来越多，投资者一样，两头无限大。如果我们把这个平台一旦做好了，你想想，前景有多大，目前我们从品种上我们知道的有快标，快标收益率24%，议标。24%以下，特标，针对国有大中型企业的，马上还要上个本标，原本的本，本标就是传统P2P这块的，这是说不承担的风险的，跟LendingClub一样，所有的都可以在网上交易，你有钱也可以上去，你需要钱也可以去借，我们只负责两边法律审查，验明正身，我们不承担风险，收点手续费就好了。金融实际上就是物与货币不断的替换，怎么在某个时段里产生一个最优的组合。那么在线下通过银行啊，通过信托啊，通过租赁啊，通过保险啊，等等情况都是这种互换，根据这种风险偏好，根据需要的长度、利率水平、安全性，等等，各种组合都有，那么我们现在某家互联网公司在线上我们要把它做成什么样子，就是把线下过去我们所有的产品金融，全部拿到网上来，全部用我们的平台把它进行交易，只不过把它倒过来了，什么叫倒过来了，过去是银行组织的存款储蓄找项目发放贷款，是这样的，我们是先找它的项目，放到网上让大家投，任何一个项目投资行为不光是贷款项目的投资行为，信托项目，典当项目，租赁项目，PE/VC，都是，就把它全拿到网上来，让所有的投资者都进行选择，这个投资者包括个体的包括集体的，我们现在成立了6个事业部，6个事业部就是保险、租赁、典当、信托、PE/VC，6个事业部，6个事业部产品全放在本标里，任何一个信托公司产品都可以放在上面，任何一个租赁公司的产品也可以放在网上，而我们下面有45个分公司来搜集产品，跟这些公司对接，你们想能

做多大，就所有的金融产品都在我们互联网平台上进行对接，我们现在刚刚做到600多亿成交量，仅仅是起步，那么今后我们的方向是互联网金融交易中心，就是所有的金融产品在我们这里全盘可以进行交易，这就是我们的方向，当然，在这个发展过程中，还有一些监管政策，还有一些可能性，还有我们自己的能力，可能还要进行调整，但这个基本方向是不变的。因为从 P2P、P2C、P2O、O2O 好多种讲法，从这个到那个，从那个到这个，最后万变不离其宗，都属于一种现象，叫金融脱媒。金融脱媒就是说，两个人交朋友，没有媒婆了，没有媒人了，银行就是各媒人。有钱的时候到银行去存款，贷款的时候你再去找银行，银行是个媒体，这个媒体把存款拿这里放着，现在没这个问题

了，项目直接跟投资人见面。

信托公司也是个媒体、租赁公司也是个媒体，典当也是个媒体，它们都是个媒体，是个媒体，是个场所，是个赌场，你们谁赌都要经过这个地方。我现在就是我们现在某家互联网公司最后就要让它脱媒，我们代替了这个，它不是媒体，我们不介绍，就是这样一个广场，这样一个中心，大家上来都会这么做，这个方向，在西方发达国家已经研究得很深了，就是金融脱媒的现象。结论就是说金融脱媒是整个金融系统发展的方向，我们现在朝这个方向在走，现在有人在问我说，你现在在做P2P，P2P是我们所做的一种形式，实际上我们做的不只是P2P，我们做的是金融脱媒，是这样一个大的东西在里面，整个经济发展的方向是在一起的，因为互联网产生了，移动通信产生了，我们的APP可以上到每个人的手机上，随时进行选择，这样一来整个平台就尤为重要了。我们现在不组织存款了，像很多银行行长一碰到存款，头都大了，我们只要找到好的项目放上去投资人一大把，你们可以看到，一个亿两个亿的项目放上去都是秒杀，我们只要把风险控制住的话，你想想这前景有多大。为什么拼命把机构扩充，那就是使它的速度迅速地拉起来，指标完成多少现在都不是目标，我也不知道完成多少，但这个方向不会错的。得到安全高回报的投资是每个人的愿望，贷款者想及时取得他所需要的钱，有时候哪怕利率高点，他也干，低一点也有，高一点也有。我们现在本标一旦上了，最低的利率到最高的利率全有了，就像我讲的，有矛盾不需要谈，直接上本标，只要有人要，最终是市场来决定，利率的降低也不是我们来决定，是市场决定。你12%的利率，抢的多了，上去也没了，那我不降到11%干什么。11%我都抢不到就降到10%，如果11%没人买了我可能到12%了，资金紧张了，各种情况不一样，这个都根据市场来的。我们现在组织大量的投资人上来，我们现在才

60万，还早着呢，大量投资人上来以后，该是多少，我不敢把它降低，如果经济一旦拉动了以后，还有可能价格往上涨，这就像我们产品和业务的发展计划，存款外延式的扩大这两年我们是在国内，年底我们分公司全部开完，年底主要是内涵式的提高，后年可能开到台湾去，应该没问题。所以说这里面的专业队伍就非常重要了，所以说红岭未来的发展方向是金融脱媒，金融脱媒是要变成一个互联网金融交易的广场，或者讲中心，我们逐步扩大规模、降低风险，监管政策也出来了，可以讲目前各方面对我们的发展都是利好。我的回答行不行，谢谢。

还有五分钟，你看大家还有没有。

互联网金融学院孙福好院长：各位同学，还有一次，你们准备好了还是这么多人，想问还让你们问，那么现在最后以热烈的掌声感谢张总。

第三章

供应链融资大纲

※ 承兑汇票
※ 信用证
※ 保函
※ 银行信用
※ 授信

银行供应链融资通俗概述

供应链融资其实是银行经营的一个集合产品，是一种营销方式、品种，其基础还是银行的基本存、放、汇产品的集合，是发展客户的一种方法思路，集合产品包括银行全部产品选择。

如项目链融资、物流链融资、行业授信方案、票据组合融资、货权质押融资、任意客户 1＋N 服务、综合柜员制、协储员、代办员储蓄网建设，帮助大企业建立内部银行、结算中心、其思路是一样的。都是一种发展群体客户的业务办法和带有某种规律的服务营销方法，有了服务各种特定群体客户的方法，重要的是能够熟练地把银行可行、客户需求的产品有机组合、提供给针对性客户使用，一定是双赢或多赢，包括各项贷款业务、或有资产业务、各项存款业务，各项结算业务、及信用卡、咨询类等各种业务。

各项业务的单项培训是经常要做的事。

员工的基础专业学历也很重要，其文化专业知识结构有现成的模板。

供应链基本知识

一、供应链融资基本概念

供应链融资是指以特大型核心客户商务履约为风险控制基点，银行通过对特大型核心客户的责任捆绑，以适当产品或产品组合将银行信用有效地注入产业链中的核心企业以及其上下游配套企业，针对企业上下游长期合作的供应商、经销商提供融资服务的一种授信模式。

或产品组合将银行信用有效地注入产业链中的核心企业以及其上下游配套企业，针对核心企业上下游长期合作的供应商、经销商提供融资服务的一种授信模式。

核心客户对银行需求

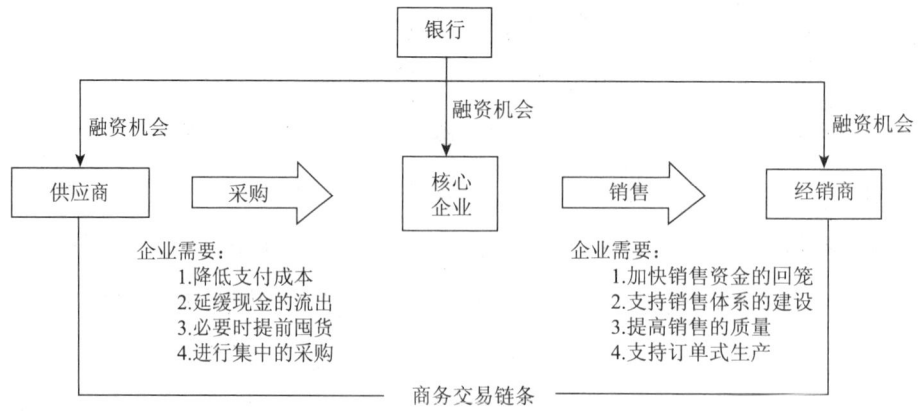

二、供应链融资业务本质

供应链融资通过对有实力的核心客户的责任捆绑,对产业链相关的资金流、物流的有效控制,针对链条上供应商、经销商及终端用户等不同客户的融资需求,银行提供的以货物销售回款自偿为风险控制基础的组合融资服务。通过提供链式融资,推动整个产业链商品交易的连续、有序进行。

三、供应链融资风险控制

在风险控制方面,供应链融资从控制贸易活动现金流入手,在客户开发过程中,不孤立地对单个客户进行评估和授信,通过对交易链各节点财务特征的认真分析,借助真实贸易活动的关联性,对交易链条各企业主体进行评估和授信,以交叉风险控制替代单一客户的个别风险控制。例如,通过要求企业封闭使用银行贷款控制资金用途,通过指定回款账户,锁定还款来源。

四、供应链融资的授信额度品种

单一额度

单一额度指针对核心厂商核定授信额度后,直接切分给供应商、经销商使用,对供应商、经销商不再按授信程序审批授信。

双额度

双额度指同步对核心厂商及其供应商和经销商核定授信额度,在两个额度同时具备后,对供应商、经销商办理具体授信业务。

五、链式融资业务流程图

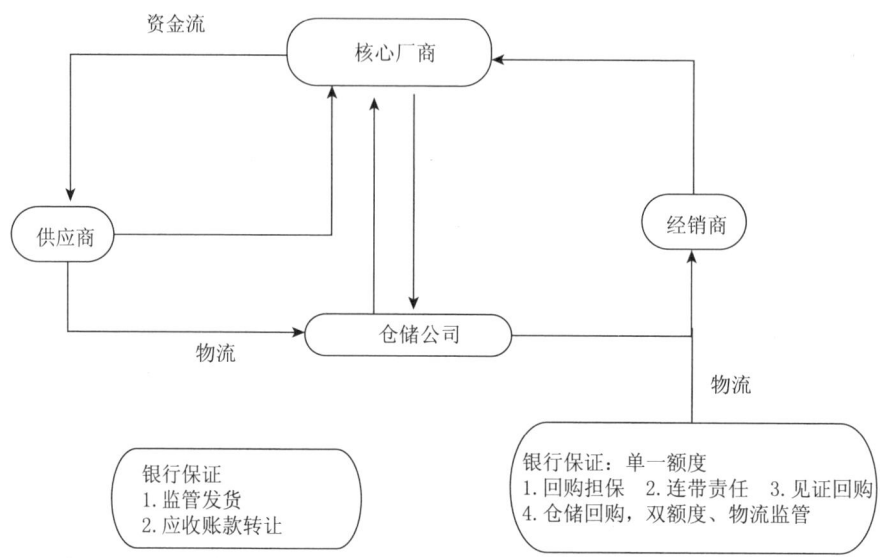

六、供应链融资思路

大型客户融资优先选择步骤：

最优先选择的融资渠道。核心企业最理想状态：寻求向产业链两端寻找融资，延期付款给供应商，向供应商融货，间接向供应商融资，产生大量的应付账款；向经销商提前收取定金或预付款，向经销商融资，产生大量的预收账款，压榨产业链两端。

七、供应链融资主要适用行业

供应链融资重点选择市场需求稳定、行业容量广阔、交易金额巨大、交易方式规范、集群效应较好、属于资金技术密集型产业、有利于银行进行纵深拓展的行业。重点行业包括：

1. 资源优势突出的行业，如石油、煤炭、电力等能源类行业，具有自然资源独占性优势，从事此类行业的客户通常都有相当雄厚的自有资金，行业风险不大。

2. 资金技术壁垒较高、规模经营的行业。如汽车、钢铁、机械制造、建材，这类客户经过多年经营，建立了强大的产业链，辐射较多的供应商、经销商。

八、供应链拓展存款要点

存款在哪里？很多客户经理最喜欢研究企业的资产负债表，喜欢看企业的银行存款一栏，存款多，就很高兴，一心准备去拉存款。其实，存款并不在资产负债表中，而在现金流量表中。资金就是企业做生意的本钱，资金就是资本，资金是喜欢动而不喜欢静的，客户要拿资金用于做生意周转，保证生意需要是第一位的。我们需要做的就是在保证客户商务经营正常资金使用需要的时候，尽可能地降低资金运动的速度，最好能实现客户做生意资金的周转在我们一家银行体内循环。

九、供应链融资使用的主流产品

供应链融资使用的核心产品是票据——银行承兑汇票和商业承兑汇票，以及由票据衍生出来的买方付息票据、协议付息票据、代理贴现、商业承兑汇票保贴现业务等产品。

票据天然连接产业链上下游特点与供应链融资特点高度吻合，做供应链融资必须精通票据，票据号称短期融资工具之王，具备极其广阔的使用前景。

十、供应链授信金额及期限确定要点

供应链融资授信期限：一般为从商务合同付款日起到合同执行完毕

收回销售款的整个时间段。

供应链融资金额：单笔授信原则上不超过合同交易金额80%；针对同一贸易背景和同一操作模式，链式融资授信可核定最高授信额度，在最高额度内循环使用，期限不超过1年，单笔出账一般不超过6个月。

十一、供应链对授信对象的要求

1. 对供应商的要求

（1）供应商与其下游交易对手履约情况正常，交易记录良好，业务关系稳定。

（2）基于真实合理交易需要而产生的资金需求，商务交易产生的现金流可以完整地覆盖银行的融资敞口。

（3）商务交易标的为大宗原材料，价值稳定，畅销对路或为特大型买方订购的产成品。

（4）供应商的交易对手应是业内有一定影响、实力雄厚的大型企业。

（5）供应商与交易对手原则上不得为同一集团内部企业，双方不存在产权关联关系。

2. 对经销商的要求

（1）供应商与其下游交易对手履约情况正常，交易记录良好，业务关系稳定。

（2）经销商属于本地的大型经销商，经营状况较好，有稳定的偿债资金来源。

（3）近三年没有违法和重大违规行为。

（4）三年没有延迟支付银行本息的情形，在银行没有任何的不良信用记录。

(5) 具有健全的内部资金管理体系和资金使用偿付管理制度。

(6) 设立单独的账户,独立管理银行发放的信贷资金。

十二、供应链融资的作用

(1) 银行对企业融资最头疼的就是担心信贷资金被挪用、销售回款资金被调用。链式融资对银行最大的好处在于锁定资金的使用和还款,资金使用由银行监控,确保用于真实的货物采购,贸易项下的销售回款用于还款。

(2) 链式融资是进行深度营销、改变银行客户拓展模式的重要手段。链式融资风险较低,银行可以较好地掌控企业的经营情况,便利交叉销售全线银行产品,是银行投入产出比最高的一类产品。

(3) 链式融资的前提是借款人已经有了成功商业运作模式,只是公司一直受到资金规模偏小的限制,银行融资有效注入,适度放大其经营运作能力,推动产业链商品交易的有序进行,并以核心客户商务履约作为风险控制的依托。

十三、供应链融资风险控制

(1) 链式融资以为核心厂商核定授信额度为前提(具体额度根据核心企业与配套企业的贸易特点具体切分),在核心厂商核定授信额度内开展与其供应商、经销商供应链融资合作。

(2) 核心客户的授信采取实质授信和虚拟授信相结合的方式,实质授信指核心厂商向银行提供授信需要的资料,银行与核心厂商签订书面的担保等协议,核心厂商针对供应商、经销商的授信提供连带责任保证、确定付款承诺、回购承诺、质押监管(盯市及跌价补偿)等单一或多种方式。

十四、供应链融资的拓展思考

(1) 因地制宜、突出地利。各银行应当根据本地区域的具体经济特点，寻找适合做链式融资业务的行业客户。

(2) 需要建立一套适应链式融资的信贷操作体系。建立高效运作，适合链式融资特色，客户经理、产品经理、风险经理平行作业的垂直化管理的营销组织体系、专业化的授信审批体系以及集中化的操作平台。

(3) 供应链融资业务模式可在具有类似特征的其他行业复制使用，做到举一反三。如厂商银在钢铁行业应用较广，在油品、铝材等行业也可借鉴使用。

十五、核心企业配套中小企业融资技术要点

(1) 融资金额看交易的规模。大企业融资看报表，小企业融资看交易，关注中小企业融资需求必须基于真实的贸易背景。从中小企业所参与的单笔交易需要角度判断该笔交易对资金需求的规模，以各交易主体的执行能力。

(2) 融资期限看交易的周期。单笔融资的期限牢牢依据商务交易的期限，适当放长。

(3) 融资的资金封闭使用。中小企业融资没有流动资金贷款，融资就是用于某个确定的用途。只要有符合银行要求的商务交易需要，银行就提供融资。

(4) 适度定价，强调综合收益。中小企业融资不一定非得强调极高的贷款利率，比如不一定强调一定要在贷款基准利率基准上浮20%。

供应商链式融资方案

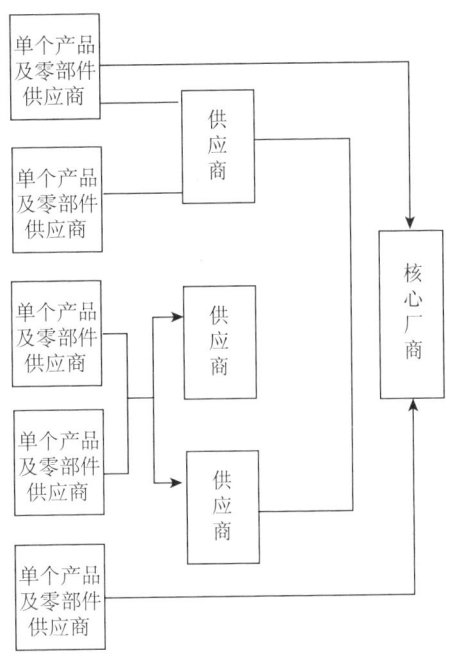

特大型、在行业中处于领先地位的核心企业,选择这些企业的供应商,以这些中小配套的供应商作为融资对象,风险相对可控。同样是挑选汽车经销商,宝马汽车选择的能力、准确性远远强于银行,我们银行选择经销商习惯从财务指标选择,评价企业的好坏更多地要看资产负债率等指标,宝马选择经销商更看重企业经营运作汽车的能力,以及企业负责人的品行等。与其我们银行在市场上去无目的地选择经销商,不如直接选择一些强势汽车厂商的经销商,因为这些汽车经销商,强势汽车厂商已经替我们筛选过了。

供应商的选择

宝马汽车公司选择供应商对我们的借鉴。

供应商的选择——四个基本条件，即技术、质量、价格、交货。

在技术方面主要注重开发能力和发展能力。在质量方面主要看质量控制能力、质量体系稳定能力。在价格方面要看核算能力，看是不是只是简单的"加法"，或者说是不是只停留在简单核算上；从供应商核算能力、稳定能力上看是否有降价趋势。在交货方面，一个是看其准时供货能力，另一个是看其在出现意外情况下的紧急供货能力。

一、连带责任保证供应商融资

1. 产品定义

连带责任保证供应商融资是指以核心厂商为风险控制依托，以核心厂商与其上游供应商签订真实原材料供应合同为基础，以已发货产生的应收账款或采购、生产、销售后将来产生的远期销售收入为第一还款来源，并辅之以核心厂商强有力的连带责任保证，为其上游供应商提供的一种融资业务。

2. 适用客户

供应商与核心企业关系非常密切，通常为核心企业参股或控股的独立子公司，为核心企业采购关键的零部件及原材料等。

典型客户：中国五大发电集团成立的煤业公司，专门负责五大发电集团的电煤采购；一些特大型的钢铁企业在部分重点市场成立了专门从事铁矿石、焦炭采购任务的子公司；一些特大型石油炼化集团成立了专门从事原油采购子公司。

3. 业务流程

(1) 银行与核心企业及供应商商议操作模式，确定相关协议，协议中必须约定：核心企业将针对供应商的货款汇入供应商在银行的指定账户（如果支付票据，将交付银行指定工作人员）；供应商授权银行可以扣划销售回款归还银行的融资。

(2) 银行为核心企业核定连带责任保证额度。

(3) 供应商与核心企业签订供应合同，并将供应合同文本提交银行。

(4) 供应商与银行签订贷款合同或银行承兑汇票协议，银行与核心企业签订保证合同。

(5) 银行发放贷款或者为供应商办理银行承兑汇票，供应商用于采购。

(6) 供应商按照计划向核心企业提供商品或劳务服务，销售回款进入供应商在银行的指定账户。

(7) 银行扣划货款归还贷款或者货款资金进入银行承兑汇票保证金账户。

4. 风险控制

(1) 供应商供货能力强。强化对贸易背景真实性的审查，了解供应商的供货能力。供应商必须是核心客户的常年供应商，双方合作关系稳定，供应商供货的质量稳定、品质较好。

(2) 核心厂商商业信誉良好，资金实力极强，在行业中处于龙头地位，有强大的履约担保能力，可以有效地缓释银行的融资风险。

【案例】北京市北益电工有限公司供应商融资

(1) 企业基本情况。北京市北益电工有限公司注册资本为800万元，总资产约 1200 万元，销售额为 2000 万元。该企业的性质为中外合资企业，由北京北达开关设备有限公司（占 70%）和香港丽源投资有限公司（占 30%）共同投资，公司主要业务为北京北达开关设备有限公司提供电源开关设备基座。

（2）银行切入点分析。某银行了解到，北京北达开关设备有限公司是优质的客户，单纯切入该公司非常困难。北京市北益电工有限公司由于刚成立，公司销售规模偏小，现金流较为紧张。北京北达开关设备有限公司希望北京市北益电工有限公司能够尽快扩大产能。银行可以尝试由北京北达开关设备有限公司提供连带责任保证，向北京市北益电工有限公司提供一定的流动资金贷款。

（3）银企合作情况。某商业银行为北京市北益电工有限公司提供 500 万元流动资金贷款，全部用于原材料的采购，通过该方式，某商业银行成功地切入北京北达开关设备有限公司，关联营销了银行卡、代发工资、办理贴现等，实现了较好的综合收益贡献。

供应商通常是核心厂商投资的企业，出于扶持供应商的目的，核心厂商愿意提供一定的连带责任保证。这在大型国有工业企业集团、大型外资制造企业集团多出现，这些客户愿意对自己占有控股地位的新设立重要零部件供应商提供融资担保。多存在于如汽车、电力设备、电信设备等制造企业的配套企业中。

通常一些实力较强的王牌企业在异地进行大规模的收购后，愿意对新收购的企业提供担保支持。比如中粮集团收购了丰原生化、中粮屯河、五谷道场，分别对被收购企业提供了担保，通常有这些大牌企业提供担保，银行很乐意为其提供信用支持。

二、商票保贴封闭融资

1. 产品定义

商票保贴封闭融资是指以核心厂商为风险控制依托,以核心厂商与其上游供应商签订真实原材料供应合同为基础,核心厂商签发以其上游供应商为收款人的商业承兑汇票支付预付款,银行办理贴现并监控供应商按照约定用途使用资金的一种融资业务形式。

2. 适用客户

适用于品牌经营的企业,很多公司是仅做两头(品牌的经营和市场的推广销售),中间外包(不生产,生产部分外包给一些纯加工型企业)。这类客户在体育行业、服装行业非常典型,典型的客户如李宁体育用品有限公司、阿迪达斯体育用品有限公司、耐克用品有限公司等。这些公司经营模式非常高明,将其中利润最低、管理难度最大的制造环节外包。银行针对这类客户的融资可以考虑提供商票保贴封闭融资方案。

3. 业务流程

(1) 银行与核心企业及供应商商议操作模式,确定三方合作协议,协议约定:核心企业对其供应商的采购交易结算采用商业承兑汇票,由供应商贴现后,供应商必须严格按照协议约定使用贴现资金,银行全程进行监管。

(2) 银行为核心企业核定商业承兑汇票保贴额度。

(3) 供应商与核心企业签订供应合同,核心企业签发以供应商为收款人的商业承兑汇票。

(4) 核心企业直接将商业承兑汇票交付银行,银行通知供应商提交商务合同、办理汇票背书等，准备办理贴现。

（5）银行贴现后资金入账，进入供应商在银行的监管账户。

（6）供应商向银行提交用款计划清单，银行根据采购清单，审核是否符合三方合作协议约定，监控供应商逐笔支用贴现款项。

（7）供应商向核心企业供货，商业承兑汇票到期，核心企业解付商业承兑汇票。

4. 风险控制

（1）必须选定特大型优质核心客户来核定商业承兑汇票贴现额度，这些特大型优质核心客户本身实力较强，有较强的抵御风险能力。

（2）要防止关联企业之间通过商业承兑汇票贴现套取银行的信贷资金，供应商与核心企业应当为非关联企业。

三、供应商委托贷款融资

产品定义

供应商委托贷款融资是指以核心厂商与其上游供应商签订的真实原材料供应合同为基础，核心厂商提供委托贷款，银行作为受托人贷款给供应商，供应商按照商务合同供货后，以核心厂商支付给供应商的货款抵扣委托贷款的一种融资业务形式。

四、指定账户付款承诺项下供应商融资

产品定义

指定账户付款承诺项下供应商融资是指以核心厂商为风险控制依托，以核心厂商与其上游供应商签订真实原材料供应合同为基础，以已发货产生的应收账款或采购、生产、销售后将来产生的远期销售收入为

第一还款来源,要求经销商向核心厂商指定账户接收合同款项,银行为其上游供应商提供的一种融资业务。

五、代理采购融资

产品定义

代理采购融资是指在特大型集团客户成立专门的采购子公司或分公司情况下,以采购公司与其母公司的商务交易结算为依托,银行向采购公司提供融资业务,用于满足采购公司的采购结算需要,以销售回款作为第一还款来源的融资业务。

六、"1+N"保理融资

产品定义

"1+N"保理融资是以大型企业为风险控制核心,在上游供应商将其对核心企业的应收账款整体转让给银行的前提下,由银行对供应商提供的集贸易融资、应收账款管理及账款收取等服务于一体的综合性金融服务。

经销商链式融资方案

一、连带责任保证项下经销商融资

1. 产品定义

连带责任保证项下经销商融资指以核心厂商为风险控制主体,以下游经销商与核心厂商签订真实贸易合同将产生的预付账款为基础,通过核心厂商的连带责任保证，为下游经销商提供的定向用于向核心厂商采购支付的一种融资业务形式。

二、见货回购担保项下经销商融资

1. 产品定义

见货回购担保项下经销商融资指以核心厂商为风险控制主体，以下游经销商与核心厂商签订真实贸易合同将产生预付账款为基础，通过核心厂商对货物实物进行回购担保，为下游经销商提供的定向用于向核心厂商采购支付的一种融资业务形式。

一般需要引入物流仓储企业作为中介进行监管，同时需要对货品投足额保险。

三、集中采购融信业务方案

1. 产品定义

集中采购融信业务是指多个中小贸易商通过银行合并交易采购资金，与核心客户签订物资供应合同，集中进行采购，银行居间保证资金的安全交付，以帮助多个中小贸易商最大限度地获得商业折扣的一种银行增值服务。

集中采购融信业务是非常受欢迎的一项业务，可以有效地集合中小客户的资金，形成较大的提货能力，获得较高的价格折扣。银行居间提供采购的资金定向使用担保，可保证各个中小客户的采购资金安全。银行必须选择具备较高责任心的客户经理、制定严密的制度，以确保操作安全。

四、退款承诺项下经销商融资（三方保兑仓融资）

1. 产品定义

退款承诺项下经销商融资是指银行为经销商承兑其签发的银行承兑汇票，专项用于向核心企业支付货款。经销商及时补充保证金，银行累计通知核心企业发货的价款不超过保证金账户余额，如经销商在承兑汇票到期时未能足额承兑，核心企业在银行承兑汇票到期日无条件将银行承兑汇票敞口款项退还给银行的一种供应链融资业务。

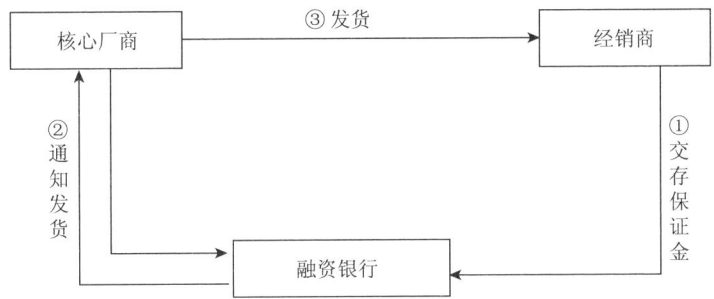

2. 有关主体

包括厂商、经销商、融资银行。

通常对银行提供的保证措施为厂商的退款承诺，即银行承兑汇票到期前，如果经销商没有存入足额的保证金（经销商没有从核心厂商提走全部货物），核心厂商负责退还银行承兑汇票票面金额与经销商提取的全部货物金额之间的差额款项，又称直客式保兑仓。

五、退款承诺项下经销商融资（四方保兑仓融资）

1. 产品定义

四方保兑仓业务是指在卖方与买方真实的商品贸易交易中，以银行信用为载体，买方以银行承兑汇票为结算支付工具，由银行控制货权，仓储方受托保管货物，卖方对承兑汇票保证金以外敞口金额部分提供退款承诺作为担保措施，买方随交保证金、随提货的一种特定融资服务模式。

保兑仓最能满足大型制造类厂商的需求，厂商提供自身的信誉支持，帮助经销商在银行获得定向采购融资，在支持其发展的同时，促进厂商自身产品的销售。同时，厂商可以有效地控制货物，避免产生大量的应收账款风险。

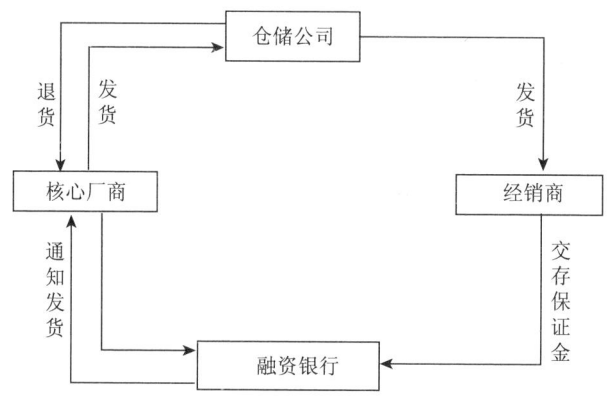

六、法人账户透支保兑仓

1. 产品定义

法人账户透支保兑仓是指银行应核心厂商、经销商双方的申请，为经销商提供法人账户透支融资，专项用于经销商向核心厂商支付货款。经销商每次申请提货必须先向银行归还相应金额的法人账户透支借款，银行按经销商还款金额向核心厂商签发发货通知书，核心厂商按照发货通知书要求向经销商发货的一种供应链融资业务。

如此循环操作，直至法人账户透支借款本金及利息全额归还。法人账户透支融资到期时由经销商归还法人账户透支未还款部分，如核心厂商发货累计金额没有达到经销商已支付对应法人账户透支借款金额，则核心厂商承担未发货部分的退款责任，并承担由此产生的利息及罚息。

七、信誉保证金链式融资

1. 产品定义

信誉保证金链式融资是指部分强势钢铁制造企业按年度订货协议收取经销商一定的信誉保证金，钢厂在信誉保证金额度内为经销商提供准连带责任保证，银行向经销商提供融资的一种链式融资产品。

2. 适用客户

该产品适用于强势钢铁制造企业集团的产业链，强势钢铁制造企业集团一般对于非常热销的钢材品种都向经销商收取一定的信誉保证金，银行可以针对已经交存信誉保证金、管理规范的优质中小钢铁贸易商营销信誉保证金融资业务。

八、股权定向增发经销商融资

产品定义

股权定向增发经销商融资是指大型制造类企业向其经销商定向增发股票，经销商以未来获得的股权作为质押，银行向经销商提供流动资金贷款，满足经销商流动资金需求的一种融资方式。

九、做市商融资

产品定义

做市商融资是指银行为大型交易市场方提供担保授信额度，市场方推荐成员单位向银行申请授信,由市场方提供连带责任保证的一种融资业务形式。

做市商融资是一种伞式担保融资业务形式,市场的成员单位借助市场的担保获得资金融通。

十、信用证+保兑仓业务

产品定义

信用证+保兑仓业务是指代理出口商取得进口商开具的信用证后,在信用证的额度内申请签发银行承兑汇票作为预付款支付给国内供应商,国内供应商发货,在代理出口商组织货物全部出口取得发运单据后解付的一种供应链融资业务。

《供应链融资》培训内容

今天是给今年来的大学生最后一次讲课，还有很多在职的同事从总公司、深圳分公司都来了。我讲的三门课都是综合性很强的课，它不是我们在学校学的一些知识点、文化课或者专业课，它是这些知识点、文化课、专业课最后综合的运用。随着互联网金融的发展，它在这方面知识构成都是新的，每个人在业务开展和日常工作当中是新的知识构成。这些构成是由哪些要素所组成的？根据互联网金融发展方向和某家互联网公司六年来在市场上的实践结果，以及我来红岭一年零八个月的实践所得出的一些体会。觉得今后互联网金融走的方向，最起码从某家互联网公司来看，今后发展需要大家掌握这些知识。这些知识的针对性非常强，一个客户经理、信贷经理或者跑市场的人，一旦遇到项目该如何下手？下手需要什么知识？怎么去分析？最后决定这笔贷款贷或不贷、贷多贷少、期限长短、利率高低这都是在我们工作当中需要作出判断和选择的。

对于不同企业、不同产品类型、不同行业应该用什么样的方法去审查？这就利用到我们所掌握的知识。有些是共用的，对各个行业都起作用，有的带有专业性有专业的方向。比如说现在某家互联网公司的四个产品，第一个大家都知道的快标，主要打房地产的，房地产最重要的是它的销售市场。在他的市场我们觉得不是很踏实之前发放贷款最重要的是抵押，有了充足抵押率以后，一旦他产生违约我们就可以把抵押的财产进行销售或重组或资产证券化等等方面的处理，使我们投资者投出去的钱能安全变现金能拿回来，这是快标目前的方向。快标里用到对一个企业整体怎么看，这就是信用评级，看这个企业总体规模怎么样、现金流怎么样、周转怎么样、产供销几个环节怎么样。对一个企业第一步就是看看他的信用评级，信用评级怎么来第一个看他的财务报表，这样才有总体的判断，信用评级是对任何人都可以使用的。现在社会上有个信用记忆记录着各个人在工作、交易、生活各个方面哪些留下良好的记忆，哪些留下不好的记忆，这就记录着个人的信用等级，最终人家决定是否跟你打交道、做交易，做多大，需要多少保障措施。

快标实际上是把银行贷款倒过来做，我们某家互联网公司的四个产品都是把银行的倒过来做。银行是组织存款，有个大资金池，从人民银行给他批文那天开始，许多民营银行都建立起来了，他们要有资本金，有可能是股本、或几个大企业凑起来的、也有可能几个民营老板赚点钱搞起来的，大银行则是由国家进行控股的，到一定时候有可能上市，由公众购买它的股票，包括地下发行来购置它的股本，这是一部分。另外它就是靠系数存款，靠银行这个能创造货币功能的行业以自己的信用创造信用，包括承兑汇票、保函、信用证，那就不需要拿钱也可以创造许多货币出来。不管怎么样，最后钱都得还回来，银行是先做大资金池，然后把资金池里的钱根据选择的对象一个个放出去，当出现违约需要抢救的时候，它可以找人民银行再贷款，第二可以同业拆借，第三可以组织大量存款，第四可以发行一些票据，包括承兑汇票、信用证、保函都可以，这都是它抢救自己的办法。但是某家互联网公司这样的网贷企业不一样，它没有资金池，是个轻资本行业，是把项目挂到网上，让老百姓自己直接投到这个项目而不是存在银行。因为存到银行的目的是赚取利息，但是银行的风险到底多大他不知道，只是知道反正国家银行不会有风险。但今天不一样了，银行存款法已经出来了，银行垮台最多赔你50万。我们是和银行反过来的，先有项目后有投资，那么在项目的选择上要求就比银行可能还要高，因为我们承受不了违约的风险，一旦违约就会引起群体事件，造成社会的不安定，所以我们的责任非常大。

议标是解决什么问题？市场上到底利率是多少谁都不敢说，因为市场的利率就是货币的价格，货币的价格是要通过供求才能看出来的，两个人谈好了成交了它才是个价格，贷款也一样。我们现在规定24%，银行贷款4倍的利率，规定的这个利率水平大家都去遵守，那么到底这个利率是不是真实的资金供求的利率呢？没有依据。市场价格到底是多少是由市场决定的，市场有多少要用方法去寻找。我讲过一个黑箱原理，先放一只鸡进去看出来的是什么，如果是鸭，再放一只鸭进去会不会出来个鸡呢？那也不一定，经过市场多次复合之后都有可能。利率也是一样，到底市场利率在哪里？老百姓的供求、灵活偏好是什么？每个人不一样，造成资金的流向和投资流向不同方向。当这个流向一个方向的时候，利率就会涨或跌，不同行业就造成这样。世界上有很多投机资本，比如我知道有专门炒石油资源的，哪里有石油他资金马上就过去了，利率是趋近平均化，因为它向利率最高的地方流动把利率打到平均化就回来了，再找更高利率的地方去跑。市场利率是这样，那我们也要找到某家互联网公司每笔贷款应该在什么样的定位上，这就出现了议标。议标就是可以和企业进行商谈，如果质量确实很好，我们就可以不是24%，能够降到两方觉得合理那我们就成交。

第三个产品是特标，针对国家信用来的，对于国有企业利率放到最低，到以后我甚至放到和银行一模一样，就是这个方向。国有企业背后是国家，不可能垮，这事情完全是在为老百姓寻找投资的方向，当老百姓一旦感觉不舒服的时候我们的政府能不管吗？何况是国有企业。所以说特标的主要方向就是政府、政府的企业、就是国有企业。我们有个零售产品叫公信贷，它的理论依据也在这，公务员是国家政体的每一个分子，这个分子也是代表国家政府的，信用贷款保证没事，他不可能舍弃他的公务员身份来赖这 50 万贷款。像这种低风险的东西我们已经寻找到了，理论上已经考虑通了，只是在实践上还需要解决一些问题。

第四个产品本标，马上上线，应该讲是市场化最强的标，本标你自己挂上去，只要老百姓愿意要就去贷，我就收个管理费，投资的收 0.5，贷款的收 0.5，这个手续费最低了。这就把所有的借贷行为全部搬到红岭的平台上了，没有我们不能做的东西，这也是互联网给我们带来的机会，这也是只有互联网发展到今天才有这种可能，只要我们尽心尽力把它操作起来，我想这个行业对整个经济发展、对社会资源的最优配置一定是最有意义的。大学里面学不到这些东西，理论研究总是在后面，我们是在第一线，我们每天遇到的问题是学校根本没见到过的，每天我们都在创造，都在解决一些过去没有出现过的问题。去年来的大学生，有的表现非常好，现在已经在基层管理岗位上了，他们一定有这样的体会，一万个企业有一万个特点，没有完全一样的，但它的基本规律都是一样的，都是符合市场的规律在运行的。首先，优胜劣汰；其次，都是在谈交易，价高者得，都是这个心态，那么我们控制什么？控制风险。什么都有风险，到底风险度有多高？违约率有多大？我们有多大的能力把这个风险控制在一定范围内，能把它覆盖掉、解决掉，这才是最关键的。所以我们某家互联网公司又要恢复过去传统金融下的一个名词，叫信贷员，信贷专业而不是客户经理，跟拉存款的完全不一样，那么信贷专业的所有知识大家都要掌握。另外一头是搞投资，和银行高投资是一样的，这样一来就结合起来了，一个来源一个运用，然后我们把工作从专业中找到定位。你或许搞投资，或许搞接待，两个都可以。现在大家就知道我讲这三门课是什么意义了。

供应链金融是什么？最近各个大学都开这门课，搞得沸沸扬扬，实际上真没什么，实际上就是供应链融资，其原型就是结算贷款。银行的结算贷款是什么呢？是在计划经济条件下，国有企业之间可以相互签订一个合同，采用叫托收承付的结算方式，就是说甲乙方签订合同之后，甲方只要把自己的货物一发出，他就可以直接向乙方收货款，通过银行发出一个托收承付的到交的支票，如果结账没钱，对方的银行必须贷款，有这样一个规矩。所以说只要结算贷款一发出，这边企业需要贷款了银行立刻贷款，货一发出银行就贷款，因为这贷款的物资保证就是这批货，只要这批货物对方的钱来了银行就没有风险了。很多国有企业在银行有专门的，就是既是存款户，又是贷款户，专门给他一个额度，一发出这个贷款就自动给他了，可以透支，当货物一回来就变成存款不是贷款了。那么供应链融资是什么呢？就是以本笔贷款所购的物资给本笔贷款来进行担保的一种交易行为，一种产品。这样一来，看上去像信用贷款一样，不需要第三方进行保证，而直接你买什么就拿这个来进行担保和抵押，这就是供应链融资的本质。

首先，必须是这个产品一定卖得掉，卖不掉的产品是不能进行质押的，什么是畅销的产品呢？不是嘴上讲的，是下面有买家，有买家也是一种担保，买家出一个函表示我要买这个东西，到期我一定付款这并不难，包括石油、钢材、汽车。4S店向汽车厂买车的时候首先要有订单，订单又来自客户，客户来4S店买车，有几部车定金交了，然后银行给贷款到4S，车拿到4S店去，客户把车一提走贷款就可以还了，这就是下家的供应链。上家也一样，汽车制造厂要把车卖给4S店，那么汽车制造厂也可以给4S店进行担保，因为车在手上，车本身就是钱。一样任何一家企业都有上家和下家，上家就是供方，下家就是销方。这样我就用很简单的供应链融资的本质告诉大家，我想大家应该能听懂。不管是在职的还是即将走向工作岗位的，你们遇到发标，特别是国有企业对于议标，没有第三方抵押的产品它的主要方向就是供应链融资，这个是很踏实的东西。这个概念是怎么提出来的？当时我去开一个座谈会，所有的客户经理、信贷员都参加了，有人问开市场找客户，怎样找到有效的客户？可能现在的客户经理们都遇到过这样的问题，一个个电话打多麻烦，我想这样去思考：你现在手里有没有客户？就算没有，去找一个客户，然后往两头捋，因为他一定有供应的对象和销售的对象，这就形成了一个链条，然后把上下家再一捋，又出现 4 个，这就出现个供应链。这样由一个客户一段时间就会派生出 N 多个客户，这 N 多个客户之间资金需要融通的支点和需求的方向你们就看得到了，等他们有存款可以让他投资，没有存款的时候可以让他贷款。所以高手不是去拉人家钱摆在银行一分钱不动的，这样的太少了，还有一些家庭的存款拉一拉，那叫原生存款，就比较慢。从贷款的需求方来看，你直接可以产生派生存款，在贷款下去没用之前它就是存款。现在我们和银行打交道，我们资金想留一点流动性的供应要和银行怎么谈？银行需要存款我给你创造存款，我把委托贷款给你做，我线上的融资都转到你的账户上由你往外带，这样你的派生存款就出来了，你又委托而且不承担风险，所以存款和贷款在业绩上是相互转换的，但最重要的是不能有风险。

供应链金融到底是什么，起到什么作用，为什么让大家都来听这个东西，为什么我只讲这三门课，没讲信贷，没讲会计，没讲风险而总结这三门课，因为这三门课在今后你们工作中一定是有用的课，是综合运用的东西，是很多的知识汇集到一起，希望你们听进去就行了，不一定要全懂。以后碰到问题知道张老师给你们讲过这个思路，然后把这个思路延伸开，工作就会出色进步。老师就是一把钥匙，把大家思路打开，基本知识点学起来就不慢哪里都可以查到。很多人觉得供应链金融是什么新东西，实际上就是加了个光环，有一个新的切点进去而已，其实这东西的原型早就有，只是变了一下有了点市场化，其实就是结算贷款，在市场经济的条件下我们怎么运用好这个方式使我们风险能控制住，我们的业务能发展起来。就是我们能够找到这种纯流动资金贷款项目变成流动资金贷款项目的标，然后放到网上去，让广大老百姓进行投资，就是这种原理。这种原理我在任何地方没讲过，只在家里讲，因为我们也在试验，也怕里面哪里有瑕疵，还有通过实践真正能总结出一门学科来，真正总结出对社会发展有用的东西的时候我们再把它整理好奉献给这个社会。今天来听课的同事都是参与者，我们共同进行实践，来把我们的互联网金融做好。

下面具体来讲供应链，供应链具体的操作工具是什么？是承兑汇票、信用证、保函、银行信用、授信。从银行来讲，很多不是直接拿钱的。比如4S店到汽车厂进汽车的时候，下家有了订单和保证金，这时候银行往往给你开的是承兑汇票，其本质是个欠条，欠条可以卖可以买东西，任何人拿这个欠条可以来银行拿钱，这就是票据的本质。承兑汇票是银行供应链融资当中常用的工具，大家要认识。它有两种，一是商业承兑汇票，一是银行承兑汇票，银行承兑汇票称为银票，是由国家信誉保证的，只要是银票它的贴现基本上没有问题，而且到任意银行都可以提现，但要扣除票据时间的利率，因为这个利率由出票行来付，所以承兑汇票在某种程度上可以流通的。很多票据公司在利率点上扣大扣小来赚钱，买低价的去银行贴高一点，或者大票拆小票，这是承兑汇票的一些市场现象。第一个是商业承兑汇票，是企业自身开出来的欠条，信用肯定没银行高，但一些大的企业商票是值钱的。靠得住的比如中石油、中石化开的商票是有意义的，欠条是有人认的。在供应链融资中也有许多商业票据，企业的信用是基础，一个企业的社会地位、盈利能力、综合素质是开出商票的信誉，和人一样，每个人的信誉是不一样的。票据是信誉的载体，别人知道有价值就有人要。这里面有很多融资的方法。第二个是信用证，银行、企业都开信用证，和承兑汇票差不多，条款更具体一点而已，是保证支付的书面证明，国际上最多。出口商会要求进口商开国际银行的信用证，如果没有信用保证出口商的货不敢发。信用证通常在供应链融资中进出口常用，国际上往来经常用，国际上400条款就是对信用证的规范和审核，学过国际贸易的应该知道。第三个是保函，也经常使用，是对特定对象开的信用保证，在最终违约情况上起到作用，银行的有作用，企业的不好说。有的企业就是到处开保函，垮台了什么都没有，还有个名词叫抱团取暖，实际上一个跨了全都跨了，都需要像审查国有企业一样去审查一下，这种没有抵押的一旦违约就拿不回来了。就像国有企业背后是政府，只要老百姓提出异议一定会有效，快标议标背后有抵押，只要违约卖掉抵押也没问题，本标我们没有责任，这样所有的形式我们都可以做了。讲到保函，最终集中在银行信用上，一个国家银行跨了经济就完蛋了，经济领域里面保银行比保什么都重要，保住其他都不会有大问题，可以利用时间和空间的转换让下一步就好做了。

我们实际上是民间信誉，是由我们六年来的经营所打造的，我们没有让一个投资者损失投资，没有一个到期欠款不还给投资者，这是我们赖以生存的动力，要感谢董事长带领大家往前走，让我们企业的信誉、影响力越来越大，所以我们进入的这个行业还是金融行业，我们已经是深圳互联网金融的副会长单位，政府已经肯定我们还是金融行业，这个行业比传统金融行业更先进一步，对大家的要求更高。这个企业很多东西很新，你们来也正是时机，现在缺人，从社会上招不干净，江湖上的习气受过污染，大学来的孩子们不一样，教什么是什么，是非辨别能力经过完整教育是很清楚的，我情愿把大学来的同学们培养出来，未来你们就是网贷行业生力军，都是能作出一番事业的人，不会输给任何一个在其他金融行业的同学们。你到银行还在柜台，在这里你就在一线岗位，把能力锻炼出来出去以后成为相对稀缺的人才，可替代性会越来越低，一旦你有质量哪家都要，我讲的这三门课任一门你们掌握了都是专家。

最后讲授信，在企业供应链融资当中给上游下游供货单位、销货单位作出评价之后给出的事前的授信，根据它的流通量、销售量和供应量给出一个综合的金额，例如给一个企业评定一年整个供销大概10个亿，一年大概周转两次，每次5个亿，其中支付物资流通可能占3个亿，那就授信3个亿，在进销货过程当中银行和我们都会给你们一些支持，这就叫授信，也用到了信用评级，给企业一个总体评价，如果遇到项目就是项目评估，评估之后才知道该给多少钱，项目评估又牵扯到私募，PE和VC，属于风险投资性质，又牵扯到信托、租赁，都离不开项目评估。相对来讲一个项目的周期比流动性周期要长，其替换形式和周转形式不一样，中途也可以周转，一般还是用市场现金额来归还这些。企业授信这一点我希望同学们听了对企业需要贷款融资的时候知道怎么给他一个授信额度。银行里面一个综合授信员，有多少是现金、开多少保函、开多少承兑汇票等等这些综合起来成为综合的授信。

第一，供应链融资其实是银行经营的一个集合产品，是一种营销方式、品种，其基础还是银行的基本存、放、汇产品的集合，是发展客户的一种方法思路，集合产品包括银行全部产品选择。这个全部产品包括贷款、短期的、长期的、保函、承兑汇票，当中都可以选择，满足企业需要就可以了。在某家互联网公司来讲现在没有开票据的能力，开了没有人认以后可能会认，这个工具今后可以使用，用开票据方式支持企业发展。如项目链融资、物流链融资、行业授信方案、票据组合融资、货权质押融资、任意客户1+N服务、综合柜员制、协储员、代办员储蓄网建设，帮助大企业建立内部银行、结算中心、其思路是一样的。都是一种发展群体客户的业务办法和带有某种规律的服务营销方法。供应链融资也是一种营销方法，是银行对所有服务的企业方法中的一种，我们某家互联网公司现在还没到这个程度，之后我们本标上线、供应链的充实就需要这方面知识了，一旦有这样的知识在工作当中就游刃有余，有办法下手。有了服务各种特定群体客户的方法，重要的是能够熟练地把银行可行、客户需求的产品有机组合、提供给针对性客户使用，一定是双赢或多赢，包括各项贷款业务、或有资产业务、各项存款业务，各项结算业务及信用卡、咨询类等各种业务。我经常讲好事是对大家都好的事，只对一家好的事不是好事，为什么拉财政存款这么难，因为只对银行有好处其他没好处，如果要共赢就不难了，三赢更好，如果参与者都有好处的话这事情成功的可能性就更大了，就像互联网金融，就像某家互联网公司。我们对投资者有利，大家都知道我们给投资者年化12%~17%，另外对贷款者也有利，外面取得不了资金的时候在我们这可以取得资金，对国家的金融体制改革也有利，因为市场化利率这条路从改革开放开始就叫这个口号，到现在一个实质性的能够测出市场性利率的方法我没见到，只知道国际上采用英国的LIBOR，对整个国际市场利率会产生影响，还有几个BOR，反正都是银行之间拆借的利率。真正市场化所反映出的利率的统计口径到现在都没有，你看金融办统计小贷公司根本就不准确，私下三分五分的利息根本就不会告诉你，他不像我们，是公开的，都可以看得见，为什么国家为什么这么重视，因为这是看得见的利率，利率的高与低都可以指导国家政策的制定，制定宏观经济政策的时候,是真正起作用的,所以讲,对金融体制改革有利,对我们本身就业也有利,因为这项工作属于新工作,他的盈利能力一定会比其他行业高,因为人家还不会做,人家还没有做。我们利率不算高,不像小贷公司拼命把利差拉得很大,我们要的是稳妥,但在前期我们经营的过程中,在项目审查上,抵押物审查上,经验不足,还有一旦以物抵债了之后,抵押物的处理周期有多长,那根据不同的周期,用哪几种方法把他分格掉,这既是理论上的问题,又是实践上的问题。我们在思考这些问题,这就是生态,一旦把这个生态建立起来了以后,这个行业就建立完了,一旦建立完了,就没有什么问题了。我可以肯定地告诉你们,这个大的方向已经解决了,那么现在就是我们需要逐步一点一点地把他实现,这个实现是个很漫长的过程,也是个很辛苦的过程,那么珍格格操作,我们在座的所有同学,各位同事,你们都是参与者,我们大家都做出一点努力,为这个事业,为我们自己的职业,也为我们的生存,我们的未来做点努力。

刚刚这里讲到或有资产业务,有的同学可能不知道这个名词,或有资产实际上就像承兑汇票,不是实质上的资产,比如保函在银行都成为或有资产。各项业务的单项培训是经常要做的事情,员工的专业基础知识也很重要,其文化专业和知识结构有现成的模板,我们做任何事情都要有一个结构,供应链融资中也需要具备知识结构,怎么去流通现金流。下面讲一个不算太久的故事:从种棉花到购买身上穿的衣服的故事,从中学会银行贷款是怎么操作的,这是我们进入传统银行所听的第一个故事,也是我的老师讲给我的故事,在传统银行的教材上是有这个故事的。就是如何节约社会资金把企业资金周转起来,而且又能够使社会的流通衔接起来,就这么一套钱。首先我们先从农村开始,农民种棉花,但是没有钱,该怎么买种子、买化肥、买工具,我们银行给农民,比如农业银行，我们陆总以前是农业银行的，用预购定金贷款，就是给农户发放的贷款，农民拿到了之后就去种棉花，买种子、买化肥、买农药、买工具。到了秋季收棉花的时候，把棉花卖了，再把银行的贷款还了。那卖给谁，就是收购部门，收购部门没钱怎么办，银行贷款给他，银行把农民的预购定金贷款收回来了，收购单位拿到棉花以后，卖到纺织厂，银行向纺织厂发放贷款，纺织厂用这个贷款向收购部门买棉花，然后收购部门再把钱还给银行。然后在纺织厂从粗纱到细纱到坯布到染制，全部生产完，生产过程可以分开，可以有专门生产纱的纱厂，纱厂把纱卖给织布厂的时候，银行给织布厂贷款，织布厂用贷款去买纱，然后把纱厂的贷款收回来了。然后我们的织布厂把布织好了以后，要卖给染织厂，染织厂把它染成女孩子穿的花布、条纹布等，再卖给服装公司，这些服装公司再向银行申请贷款，服装公司把钱给了生产厂家，生产厂家还了银行的贷款，然后这些染得布就可以做成衣服了，放到商场上去卖，然后商场里面进货的时候就有商业贷款，把钱给服装公司，服装公司就还了银行的贷款。这所有的链条上都有人，人都需要支付工资，有了工资之后就去商场上买衣服，然后就用工资让商场把商业贷款还掉了，这就是一个周转，一套银行的资金就把社会所有的经济活动周转出来了，我这是讲一个单循环，但是社会经济不是这一个单循环，很多都是交叉在一起的，人们的生活不仅仅是穿衣，还要吃饭、旅游，还要交往，有各种爱好，所需要的资金不知道怎么流的，但是宏观上不会错的，M0、M1、M2不会错的，国家货币的投放总量是不会错的，每年的产值也是知道的，当然有时候会统计不准确。所以从供应链所有的环节上，都是供应链，从开始种棉花，到穿上它消费，都是供应链，都是我们信贷专业所应该掌握的知识，之后就可以在供应链的任何节点上找到资金的需求方，都能找出他的担保方，购买的这方就是担保方，这笔贷款购买的物资本身就是担保,当时我们学的时候叫物资保证,只要这笔物资价格保证不亏本,能够偿还贷款,就没什么问题,何况那是在计划经济条件下,根本就不会有这种问题。现在我们是市场经济,任何市场都是有计划的,当个企业不可能没有计划,国家也是有计划的,计划与计划之间不一样,那就形成了市场,今天的股票我看涨,他看跌,这才有市场,每个人都看一个方向,天天涨停板,什么都买不到,都看跌,天天跌停板,什么都买不到,只有有人看涨,有人看跌,这才会有市场。

第二,供应链的基本知识,供应链融资是指以特大型核心客户商务履约为风险控制基点,银行通过对特大型核心客户的责任捆绑,以适当产品或产品组合将银行信用有效地注入产业链中的核心企业以及其上下游配套企业,针对企业上下游长期合作的供应商、经销商提供融资服务的一种授信模式。或产品组合将银行信用有效地注入产业链中的核心企业以及其上下游配套企业,针对核心企业上下游长期合作的供应商、经销商提供融资服务的一种授信模式。下面讲供应链融资,先找到一个核心企业,是比较好的企业,在经营过程中有一些基本业绩的,然后银行给核心企业一个融资机会,因为从他的供应商,采购方,还有经销商,销售方,都有它具体的供应方式,就是对他的上家有融资机会,对他的下家也有融资机会,对他的本身也有融资机会,这个形成的链条通过这个图,一看就明白了。对于上家,也就是采购方,可以降低支付成本,延缓现金的流出,必要时提前囤货,进行集中的采购,都可以。对于下家,也就是销售方,可以加快销售资金的回笼,支持销售体系的建设,提高销售质量,支持订单式生产,这里没有具体的理论知识,就是在你找到核心企业之后,既可以为他的上游企业提供融资机会,也可以为他的下游提供融资机会,一切以可以销售掉的物资作为本币贷款的担保,要想抵押或者质押都可以。任何一个生产型企业不可能不需要供货商的，也不可能不要销售商的，我们可以对他的上家、下家以及他本身提供贷款，任意一家都是以这笔贷款指向的物资来作为保证的。供应链融资通过对有实力的核心客户的责任捆绑，对产业链相关的资金流、物流的有效控制，针对链条上供应商、经销商及终端用户等不同客户的融资需求，银行提供的以货物销售回款自偿为风险控制基础的组合融资服务。通过提供链式融资，推动整个产业链商品交易的连续、有序进行。

第三，供应链融资风险控制，在风险控制方面，供应链融资从控制贸易活动现金流入手，在客户开发过程中，不孤立地对单个客户进行评估和授信，通过对交易链各节点财务特征的认真分析，借助真实贸易活动的关联性，对交易链条各企业主体进行评估和授信，以交叉风险控制替代单一客户的个别风险控制。例如，通过要求企业封闭使用银行贷款控制资金用途，通过指定回款账户，锁定还款来源。把银行改为我们某家互联网公司就行了，要封闭整个整个资金的用途，指定回款账户来锁定他的还款来源。

第四，供应链融资的授信额度品种，有单一额度和双额度，单一额度指针对核心厂商核定授信额度后，直接切分给供应商、经销商使用，对供应商、经销商不再按授信程序审批授信。双额度指同步对核心厂商及其供应商和经销商核定授信额度，在两个额度同时具备后，对供应商、经销商办理具体授信业务。这都是操作上的东西。

第五，链式融资业务流程图。这个图要看懂一个核心厂商，核心厂商通过供应商产生物流到仓储公司，他们之间产生提货，通过经销商和银行在其中起到保证单一额度，一个是回购担保，一个连带责任，一个见证回购，仓储回购，双额度、物流监管。银行就保证上家的发货和应收账款的转让，包括保理业务和这个都是有关系的，这些讲不如做，做下来很简单，依据流程图做一遍马上就能发现问题了，这样讲是记不住的。

第六，供应链的融资思路，大型客户融资优先选择步骤：最优先选择的融资渠道。核心企业最理想状态：寻求向产业链两端寻找融资，延期付款给供应商，向供应商融货，间接向供应商融资，产生大量的应付账款；向经销商提前收取定金或预付款，向经销商融资，产生大量的预收账款，压榨产业链两端。压榨有点不恰当，但是实际上就是这样做的，这样做机会就来了。

第七，供应链融资主要适用行业，供应链融资重点选择市场需求稳定、行业容量广阔、交易金额巨大、交易方式规范、集群效应较好、属于资金技术密集型产业、有利于银行进行纵深拓展的行业。重点行业包括：①资源优势突出的行业，如石油、煤炭、电力等能源类行业，具有自然资源独占性优势，从事此类行业的客户通常都有相当雄厚的自有资金，行业风险不大。②资金技术壁垒较高、规模经营的行业。如汽车、钢铁、机械制造、建材，这类客户经过多年经营，建立了强大的产业链，辐射较多的供应商、经销商。这些不仅我们同学，包括各分公司的老总都要懂这些，以后这个课件都要给他们看一看，要不然都不知道怎么去寻找客户，工作中会很盲目，客户找的不准，有了方法以后，才会有基础。

第八，供应链拓展存款要点。存款主要是对银行比较有意义的，我们做好以后，对我们合作的银行会起作用，因为我们以后和银行是伙伴关系，我们需要他帮我们进行一些委托贷款，需要他们给予我们临时的流动性支持，怎么帮他拉存款，存款在哪里？很多客户经理最喜欢研究企业的资产负债表，喜欢看企业的银行存款一栏，存款多，就很高兴，一心准备去拉存款。其实，存款并不在资产负债表中，而在现金流量表中。资金就是企业做生意的本钱，资金就是资本，资金是喜欢动而不喜欢静的，客户要拿资金用于做生意周转，保证生意需要是第一位的。我们需要做的就是在保证客户商务经营正常资金使用需要的时候，尽可能地降低资金运动的速度，最好能实现客户做生意资金的周转在我们一家银行体内循环。这个做的就有点自私，但是我现在不这样看，只要加快速度就可以了，有利于客户的发展最重要。

第九，供应链融资使用的主流产品。供应链融资使用的核心产品是票据——银行承兑汇票和商业承兑汇票，以及由票据衍生出来的买方付息票据、协议付息票据、代理贴现、商业承兑汇票保贴现业务等产品。票据天然连接产业链上下游特点与供应链融资特点高度吻合，做供应链融资必须精通票据，票据号称短期融资工具之王，具备极其广阔的使用前景。这就是我为什么前面把银行承兑汇票和商业承兑汇票讲得这么透的原因。

第十，供应链授信金额及期限确定要点。供应链融资授信期限：一般为从商务合同付款日起到合同执行完毕收回销售款的整个时间段。供应链融资金额：单笔授信原则上不超过合同交易金额80%；针对同一贸易背景和同一操作模式，链式融资授信可核定最高授信额度，在最高额度内循环使用，期限不超过1年，单笔出账一般不超过6个月。

第十一，供应链对授信对象的要求，对供应商的要求：一是供应商与其下游交易对手履约情况正常，交易记录良好，业务关系稳定。二是基于真实合理交易需要而产生的资金需求，商务交易产生的现金流可以完整地覆盖银行的融资敞口。三是商务交易标的为大宗原材料，价值稳定，畅销对路或为特大型买方订购的产成品。四是供应商的交易对手应是业内有一定影响、实力雄厚的大型企业。五是供应商与交易对手原则上不得为同一集团内部企业，双方不存在产权关联关系。对经销商的要求：一是供应商与其下游交易对手履约情况正常，交易记录良好，业务关系稳定。二是经销商属于本地的大型经销商，经营状况较好，有稳定的偿债资金来源。三是近三年没有违法和重大违规行为。四是三年没有延迟支付银行本息的情形，在银行没有任何的不良信用记录。五是具有健全的内部资金管理体系和资金使用偿付管理制度。六是设立单独的账户，独立管理银行发放的信贷资金。

第十二，供应链融资的作用。第一，银行对企业融资最头疼的就是担心信贷资金被挪用、销售回款资金被调用。链式融资对银行最大的好处在于锁定资金的使用和还款，资金使用由银行监控，确保用于真实的货物采购，贸易项下的销售回款用于还款。第二，链式融资是进行深度营销、改变银行客户拓展模式的重要手段。链式融资风险较低，银行可以较好地掌控企业的经营情况，便利交叉销售全线银行产品，是银行投入产出比最高的一类产品。第三，链式融资的前提是借款人已经有了成功商业运作模式，只是公司一直受到资金规模偏小的限制，银行融资有效注入，适度放大其经营运作能力，推动产业链商品交易的有序进行，并以核心客户商务履约作为风险控制的依托。这是几个作用。

第十三，供应链融资风险控制。第一，链式融资以为核心厂商核定授信额度为前提（具体额度根据核心企业与配套企业的贸易特点具体切分），在核心厂商核定授信额度内开展与其供应商、经销商供应链融资合作。第二，核心客户的授信采取实质授信和虚拟授信相结合的方式，实质授信指核心厂商向银行提供授信需要的资料，银行与核心厂商签订书面的担保等协议，核心厂商针对供应商、经销商的授信提供连带责任保证、确定付款承诺、回购承诺、质押监管（盯市及跌价补偿）等单一或多种方式。

第十四，供应链融资的拓展思考。这一块对我们公司以后发放特标、议标及部分本标、快借,用这些方法的时候因地制宜、突出地利。各银行应当根据本地区域的具体经济特点,寻找适合做链式融资业务的行业客户。同时,需要建立一套适应链式融资的信贷操作体系。建立高效运作,适合链式融资特色,客户经理、产品经理、风险经理平行作业的垂直化管理的营销组织体系、专业化的授信审批体系以及集中化的操作平台。再者,供应链融资业务模式可在具有类似特征的其他行业复制使用,做到举一反三。如厂商银在钢铁行业应用较广,在油品、铝材等行业也可借鉴使用。

第十五,核心企业配套中小企业融资技术要点。①融资金额看交易的规模。大企业融资看报表,小企业融资看交易,关注中小企业融资需求必须基于真实的贸易背景。从中小企业所参与的单笔交易需要角度判断该笔交易对资金需求的规模,以各交易主体的执行能力。②融资期限看交易的周期。单笔融资的期限牢牢依据商务交易的期限,适当放长。③融资的资金封闭使用。中小企业融资没有流动资金贷款,融资就是用于某个确定的用途。只要有符合银行要求的商务交易需要,银行就提供融资。④适度定价,强调综合收益。中小企业融资不一定非得强调极高的贷款利率,比如不一定强调一定要在贷款基准利率基准上浮20%。这是银行的规定,我们这边根据标的的价格来确定就可以了。

还有一半时间,我尽量讲得轻松一点,因为大家听可能更累,因为你们是被动的,我是主动的。下半节可能主要讲供应商链式的融资方案,这个很具体的。它都有一个流程,它所有的目标都是根据一个核心厂商开始的,就是说做所有的业务都要有一个核心厂商,有时候也可以把它一个主要的贷款单位,就是我们第一次接触的贷款单位,可以把它看成是一个比较好的核心厂商,这个核心厂商因为它的供应商,各种各样的供应商,包括单个产品、零部件给这个核心厂商的供应商,中间合成以后又是一个供应商，供应商与供应商之间也有些联系，最终都是全部，货物都是供应给我们，就是核心厂商，因为它不是一个零件，是好多零件，制造企业就是比较典型。那么特大型、在行业中处于领先地位的核心企业，选择这些企业的供应商，以及这些中小供应商作为融资对象，风险相对可控。同样是挑选汽车的经销商，宝马汽车选择的能力、准确性远远强过银行，我们银行选择经销商的习惯，从财务指标中选择。评价企业的好坏，更多的看资产负债率等指标。宝马选择经销商，更看重企业经营运作的能力，以及企业负责人的品行等，与其我们银行在市场上无目的地选择经销商，不如直接选择一些强势汽车厂商的经销商，因为这些汽车经销商，强势汽车厂商已经代替我们筛选过了。你比方我们现在很多在做汽车的融资，包括我们企业六月份做的，就我们零售部门在做的一些业务，实际上跟我们供应链是完全吻合的，但他们没有站在这个高度，没有站在这个高度的原因是什么？因为我们还没给他们讲过这门课，包括红岭创投目前还处于一种初级阶段，真正向下细化到每一个业务我们都去参加研究的阶段还没到。但是我事先告诉大家的话，我们公司的零售部、包括各个分公司、以后我们同学主战的岗位，这些东西都可以开始做了。把过去做企业的思路、做汽车的思路跟这个思路结合起来，结合起来去做。你要选择，可以看到，一个汽车制造厂，它有很多很多供应商，这些供应商都可以作为我们的融资对象。因为汽车制造商，汽车能卖掉，它是没有问题的，我们给经销商，根据他的供应商提供的货物的数量，准确地给他单笔，一对一性质的融资的话，一般来说是安全的。汽车厂商和经销商还有个卖，就是下家和经销商，经销商一般拿到订单以后才会向汽车厂商去订货，我刚刚已经讲过这个例子，我们可以给汽车制造商进行融资，也可以跟他们的经销商进行融资，都可以，融资过以后都有最终的市场购买者、消费者进行买单，我卖不掉的东西供应链形成不了，也没办法做，一定是那些主要东西都能卖掉的。供应商的选择，就是说宝马汽车选择供应商对我们的借鉴，一个从供应商的选择四个基本条件，技术、质量、价格、交货，一般都是选择好的企业，宝马汽车实际上是国际名牌，当然我们中国也有一些比较好的汽车，民族汽车中也有个奇瑞啊、比亚迪啊，当然多数属于低端的，但供应商也可以考虑。当然国外一些跟我们合资的，包括大众，包括日本的很多企业，当然日本的东西不跟他玩，我是抵制日货的。所以说在选择供应商一定要选择好，在技术方面主要注重开发能力和发展能力。在质量方面主要看质量控制能力、质量体系稳定能力。在价格方面要看核算能力，看是不是只是简单的"加法"，或者说是不是只停留在简单核算上；从供应商核算能力、稳定能力上看是否有降价趋势。在交货方面，一个是看其准时供货能力，另一个是看其在出现意外情况下的紧急供货能力。这些都是指引比较畅销的产品，供应链事实上也就是指比较畅销的产品，不畅销的产品一般不能有供应链，因为供应链一下就塞住了，一塞住某一个环节停下来了以后钱就收不回来了，就贬值了，东西就不值钱了。

讲到方法第一个是连带责任保证供应商融资，讲到定义是连带责任保证供应商融资是指以核心厂商为风险控制依托，以核心厂商与其上游供应商签订真实原材料供应合同为基础，以已发货产生的应收账款或采购、生产、销售后将来产生的远期销售收入为第一还款来源，并辅之以核心厂商强有力的连带责任保证，为其上游供应商提供的一种融资业务。主要是供应原材料的，原材料一定能卖掉，远期的销售收入为第一还款来源，当然我们核心厂商也要买他的材料，这个材料作用给他贷款担保，这个材料不仅卖给我也可能卖给其他人，这个一旦卖掉，我们的钱救回来了。使用客户是供应商与核心企业关系非常密切，通常为核心企业参股或控股的独立子公司，为核心企业采购关键的零部件及原材料等。典型的客户你像中国五大发电集团成立的煤业公司，专门负责五大发电集团的电煤采购；一些特大型的钢铁企业在部分重点市场成立了专门从事铁矿石、焦炭采购任务的子公司；一些特大型石油炼化集团成立了专门从事原油采购子公司。这些都可以办理连带责任保证供应商融资。连带责任保证供应商融资的业务流程：

（1）银行与核心企业及供应商商议操作模式，确定相关协议，协议中必须约定：核心企业将针对供应商的货款汇入供应商在银行的指定账户（如果支付票据，将交付银行指定工作人员）；供应商授权银行可以扣划销售回款归还银行的融资。这事先要约定的。

（2）银行为核心企业核定连带责任保证额度。

（3）供应商与核心企业签订供应合同，并将供应合同文本提交银行。

（4）供应商与银行签订贷款合同或银行承兑汇票协议，银行与核心企业签订保证合同。

（5）银行发放贷款或者为供应商办理银行承兑汇票，供应商用于采购。

（6）供应商按照计划向核心企业提供商品或劳务服务，销售回款进入供应商在银行的指定账户。

（7）银行扣划货款归还贷款或者货款资金进入银行承兑汇票保证金账户。

再来我们办理这种连带责任保证供应商融资的过程中，具体操作可以按照这个一步一步进行操作，这里面的风控主要一个供应商供货能力强。强化对贸易背景真实性的审查，了解供应商的供货能力。供应商必须是核心客户的常年供应商，双方合作关系稳定，供应商供货的质量稳定、品质较好。这个主要是真实的贸易背景，因为经常有些向银行向我们申请融资的企业不是真实的贸易背景，它把钱挪到其他地方去用，这个真没法控制，需要把真实贸易背景控制好。第二，核心厂商商业信誉良好，资金实力极强，在行业中处于龙头地位，有强大的履约担保能力，可以有效地缓释银行的融资风险。

这里有个案例，第一是企业的基本情况，北京市北益电工有限公司注册资本为800万元，总资产约1200万元，销售额为2000万元。该企业的性质为中外合资企业，由北京北达开关设备有限公司（占70%）和香港丽源投资有限公司（占30%）共同投资，公司主要业务为北京北达开关设备有限公司提供电源开关设备基座。它是个提供基座的单位。第二，银行切入点分析。某银行了解到，北京北达开关设备有限公司是优质的客户，单纯切入该公司非常困难。北京市北益电工有限公司由于刚成立，公司销售规模偏小，现金流较为紧张。北京北达开关设备有限公司希望北京市北益电工有限公司能够尽快扩大产能。银行可以尝试由北京北达开关设备有限公司提供连带责任保证，向北京市北益电工有限公司提供一定的流动资金贷款。第三是银企合作情况。某商业银行为北京市北益电工有限公司提供500万元流动资金贷款，全部用于原材料的采购，通过该方式，某商业银行成功地切入北京北达开关设备有限公司，关联营销了银行卡、代发工资、办理贴现等，实现了较好的综合收益贡献。这个实际上就是用供应链融资分析了企业，然后再让企业得到一定的拓展。

点评：供应商通常是核心厂商投资的企业，出于扶持供应商的目的，核心厂商愿意提供一定的连带责任保证。这在大型国有工业企业集团、大型外资制造企业集团多出现，这些客户愿意对自己占有控股地位的新设立重要零部件供应商提供融资担保。多存在于如汽车、电力设备、电信设备等制造企业的配套企业中。通常一些实力较强的王牌企业在异地进行大规模的收购后，愿意对新收购的企业提供担保支持。比如中粮集团收购了丰原生化、中粮屯河、五谷道场，分别对被收购企业提供了担保，通常有这些大牌企业提供担保，银行很乐意为其提供信用支持。第二个种类叫商票保贴封闭融资，商票保贴封闭融资是指以核心厂商为风险控制依托，以核心厂商与其上游供应商签订真实原材料供应合同为基础，核心厂商签发以其上游供应商为收款人的商业承兑汇票支付预付款，银行办理贴现并监控供应商按照约定用途使用资金的一种融资业务形式。这个也讲到商票了，这个主要适用于品牌经营的企业，很多公司是仅做两头（品牌的经营和市场的推广销售），中间外包（不自主生产，生产部分外包给一些纯加工型企业）。这类客户在体育行业、服装行业非常典型，典型的客户如李宁体育用品有限公司、阿迪达斯体育用品有限公司、耐克用品有限公司等。这些公司经营模式非常高明，将其中利润最低、管理难度最大的制造环节外包。银行针对这类客户的融资可以考虑提供商票保贴封闭融资方案。

业务流程：①银行与核心企业及供应商商议操作模式，确定三方合作协议，协议约定：核心企业对其供应商的采购交易结算采用商业承兑汇票，由供应商贴现后，供应商必须严格按照协议约定使用贴现资金，银行全程进行监管。②银行为核心企业核定商业承兑汇票保贴额度。就是说企业开出了商业承兑汇票，银行对开出的汇票进行担保，就是说你开出的票我银行保证贴现，就是对于单个企业进行，使单个企业有了银行信用。③供应商与核心企业签订供应合同，核心企业签发以供应商为收款人的商业承兑汇票。就它自己开出的商业汇票，但一定要在银行保证的额度内，超过额度银行就不管了。④核心企业直接将商业承兑汇票交付银行，银行通知供应商提交商务合同、办理汇票背书等，准备办理贴现。⑤银行贴现后资金入账，进入供应商在银行的监管账户。⑥供应商向银行提交用款计划清单，银行根据采购清单，审核是否符合三方合作协议约定，监控供应商逐笔支用贴现款项。⑦供应商向核心企业供货，商业承兑汇票到期，核心企业解付商业承兑汇票。就是最后的承兑还是由企业本身进行承兑，银行保证只是让他暂时取得资金，等他货物卖出以后，还是由企业本身偿付。

它的风险控制是，第一，必须选定特大型优质核心客户来核定商业承兑汇票贴现额度，这些特大型优质核心客户本身实力较强，有较强的抵御风险能力。第二，要防止关联企业之间通过商业承兑汇票贴现套取银行的信贷资金，供应商与核心企业应当为非关联企业。有时候怕做假的，本来是一家，搞的跟两家一样。有时候做些互保，实际上是一家，拆成两个企业进行互保，最后变成一个信用贷款。第三是供应商委托贷款融资，也是一个供应链融资形式。供应商委托贷款融资是指以核心厂商与其上游供应商签订的真实原材料供应合同为基础，核心厂商提供委托贷款，银行作为受托人贷款给供应商，供应商按照商务合同供货后，以核心厂商支付给供应商的货款抵扣委托贷款的一种融资业务形式。这个很容易懂。指定账户付款承诺项下供应商融资产品定义是指定账户付款承诺项下供应商融资是指以核心厂商为风险控制依托，以核心厂商与其上游供应商签订真实原材料供应合同为基础，以已发货产生的应收账款或采购、生产、销售后将来产生的远期销售收入为第一还款来源，要求经销商向核心厂商指定账户接收合同款项，银行为其上游供应商提供的一种融资服务。

第四是代理采购融资，也是一种形式，代理采购融资是指在特大型集团客户成立专门的采购子公司或分公司情况下，以采购公司与其母公司的商务交易结算为依托，银行向采购公司提供融资业务，用于满足采购公司的采购结算需要，以销售回款作为第一还款来源的融资业务。大家注意我讲到第五个了，我现在讲到一半，这半边都是供应，就是核心厂商的供应方所采用供应链融资的方法开展融资的几种做法，后面几种都是销售方采用供应链融资的方法。

我现在讲的是一半，这一半都是作为核心厂商的供应，所采用供应链融资的方法来开展业务的几种做法，都是以供应方的，马上下半部分是以销售方，采用供应链融资的方法来采用的融资方法，现在我讲的是上一半，第五个了，我刚才讲的就这个概念，以后都是他的供应方，我们是提供本金，本金也行，提供他的供应方也行，提供他的供应发也行，都可以，都是他的供应方，原材料的供应方，或者产品，或者备件，对他供应方所做提供的。

第六，"1+N"保理融资，"1+N"保理融资是以大型企业为风险控制核心，在上游供应商将其对核心企业的应收账款整体转让给银行的前提下，由银行对供应商提供的集贸易融资、应收账款管理及账款收取等服务于一体的综合性金融服务。这个"1+N"保理融资实际上就是跟费福提很多东西有点接近了，1+N除了这个之外，延生的一些业务，1+N就是多种，很多种，围绕着这一个业务来做的业务，就是这个道理，我们叫做1+N金融暴力融资，这上面是讲的供应商这一块的，下面这一半是讲的经销商这一块的，就是下面这一半的销售这一方，这个用供应链融资的方式对他进行服务。一是连带责任保证项下经销商融资，连带责任保证项下经销商融资指以核心厂商为风险控制主体，以下游经销商与核心厂商签订真实贸易合同将产生的预付账款为基础，通过核心厂商的连带责任保证，为下游经销商提供的定向用于向核心厂商采购支付的一种融资业务形式。就是说我和一厂商向我的下游要卖东西给他，然后下游的东西，而且保证买，采用应收账款，应收账款通过核心厂商连带产生一个担保，为下游厂商定向向核心厂商采购支付，就是我给下游厂商的钱，他是支付给核心企业，就还在我们这个圈子里转，没有到其他地方去，我给他的钱是给了上游厂商，上游厂商拿到了钱把这笔钱还给我，就是经销商这个方面。二是见货回购担保项下经销商融资，货回购担保项下经销商融资指以核心厂商为风险控制主体，以下游经销商与核心厂商签订真实贸易合同将产生预付账款为基础，通过核心厂商对货物实物进行回购担保，为下游经销商提供的定向用于向核心厂商采购支付的一种融资业务形式。一般需要引入物流仓储企业作为中介进行监管，同时需要对货品投足额保险。实际上就是讲这个货，核心厂商要保证把它回购，就业等于是一种担保，这货出去以后必须要有地方监管机构担保，监管一定要有物流，物流我们要把它控制住，同时对这个货物也要进行保险，怕它被损害了，货物本身贬值了以后最后卖出去值不了那么多钱了，很多东西也会受到损失。三是集中采购融信业务方案，集中采购融信业务是指多个中小贸易商通过银行合并交易采购资金，与核心客户签订物资供应合同，集中进行采购，银行居间保证资金的安全交付，以帮助多个中小贸易商最大限度地获得商业折扣的一种银行增值服务。集中采购融信业务是非常受欢迎的一项业务，可以有效地集合中小客户的资金，形成较大的提货能力，获得较高的价格折扣。银行居间提供采购的资金定向使用担保，可保证各个中小客户的采购资金安全。银行必须选择具备较高责任心的客户经理、制定严密的制度，以确保操作安全。这个就简单了，一看就知道了，一看字面就理解了，小企业买东西太贵了，我一把批发买就比较便宜，比较便宜的话银行可以提供一些担保，或者给一些融资，这些东西卖过以后立刻就还给我们的，就是这样的。四是退款承诺项下经销商融资（三方保兑仓融资），退款承诺项下经销商融资是指银行为经销商承兑其签发的银行承兑汇票，专项用于向核心企业支付货款。经销商及时补充保证金，银行累计通知核心企业发货的价款不超过保证金账户余额，如经销商在承兑汇票到期时未能足额承兑，核心企业在银行承兑汇票到期日无条件将银行承兑汇票敞口款项退还给银行的一种供应链融资业务。这个看起来很烦，实际上做起来很简单，其实就是承兑汇票，开出去了以后实际上我们已经决定对企业进行融资了，这个企业是跟他主要的核心客户是有交易往来的，然后我们开给其中的一方，这一方保证到时如果承兑不足的时候会退款，就是有能力把这个钱给换回来，增加其保证，这个退回来的保证金。这个三方保证项流程，第一步是先向经销商交存保证金，经销商向银行交存保证金，第二步是银行通知核心厂商发货，第三步是核心厂商发货给经销商，然后如果足了的话，这笔就完成了，如果不足的话它就把剩余货款付给银行，就算完了，就这么简单的东西。有关主体包括厂商、经销商、融资银行。通常对银行提供的保证措施为厂商的退款承诺，即银行承兑汇票到期前，如果经销商没有存入足额的保证金（经销商没有从核心厂商提走全部货物），核心厂商负责退还银行承兑汇票票面金额与经销商提取的全部货物金额之间的差额款项，又称直客式保兑仓。这个名字听起来很复杂，但实际上是很简单的东西。五是退款承诺项下经销商融资（四方保兑仓融资），四方保兑仓业务是指在卖方与买方真实的商品贸易交易中，以银行信用为载体，买方以银行承兑汇票为结算支付工具，由银行控制货权，仓储方受托保管货物，卖方对承兑汇票保证金以外敞口金额部分提供退款承诺作为担保措施，买方随交保证金、随提货的一种特定融资服务模式。保兑仓最能满足大型制造类厂商的需求，厂商提供自身的信誉支持，帮助经销商在银行获得定向采购融资，在支持其发展的同时，促进厂商自身产品的销售。同时，厂商可以有效地控制货物，避免产生大量的应收账款风险。这还是一个退款承诺，到时不行我付，我不会让你最后拿不回来钱的，还有这个问题，这里边也有一张图，这张图和前面这张图增加了一个环节，这个回去大家看一下就行，也是经销商先交存保证金，第二步通知核心厂商发货，发到仓储而不是直接给经销商，然后他给了商品给经销商，或者不行的话它就退货，它搞不来钱，没有钱就不能把这个钱给核心厂商，他就是这样一个过程，增加了一个仓储公司，其他的也没有什么东西。六是法人账户透支保兑仓，法人账户透支保兑仓是指银行应核心厂商、经销商双方的申请，为经销商提供法人账户透支融资，专项用于经销商向核心厂商支付货款。经销商每次申请提货必须先向银行归还相应金额的法人账户透支借款，银行按经销商还款金额向核心厂商签发发货通知书，核心厂商按照发货通知书要求向经销商发货的一种供应链融资业务。

如此循环操作，直至法人账户透支借款本金及利息全额归还。法人账户透支融资到期时由经销商归还法人账户透支未还款部分，如核心厂商发货累计金额没有达到经销商已支付对应法人账户透支借款金额，则核心厂商承担未发货部分的退款责任，并承担由此产生的利息及罚息。这里边整个的循环倒没什么东西，但是里边就是说透支账户实际上就是一个存贷核实账户，银行给企业一个透支余额，就跟授信额度一样，它规定在那个账户里面实施，然后需要钱的时候直接就进行投资了，不需要再进行审批了。这个就跟我们给企业一个综合授信一样，就是企业和我们谈好以后，在哪个账户里面直接透支，透支以后晚上银行在平账的时候，我们和银行不一样，因为银行是有资金池的，我们这里没资金池的情况下必须要实际给钱，还是要把钱贷给他放在这个账户上。七是信誉保证金链式融资，信誉保证金链式融资是指部分强势钢铁制造企业按年度订货协议收取经销商一定的信誉保证金，钢厂在信誉保证金额度内为经销商提供准连带责任保证，银行向经销商提供融资的一种链式融资产品。

该产品适用于强势钢铁制造企业集团的产业链，强势钢铁制造企业集团一般对于非常热销的钢材品种都向经销商收取一定的信誉保证金，银行可以针对已经交存信誉保证金、管理规范的优质中小钢铁贸易商营销信誉保证金融资业务。像这个东西在前些年很好，现在不太实用这个东西，原因是什么呢，原因是钢铁行业不是很景气，有很多的专门做钢贸的，钢贸是银行融资业务，特别是链式融资业务、供应链融资的主要对象。现在广东福山那边很多的钢贸企业都垮掉了，很多企业都栽进去了。栽进去的原因是本身管理有一定问题，更重要的是大的经济形势变化，生产一旦不景气或者某些大的用钢企业一旦不景气，或者讲产能一旦过剩，钢铁企业线材盖房子的这些线材，房地产没有回暖之前钢材这一块掉了，没有办法预支付这些钢铁厂的回款，那么这条链条就很难，因为它不是畅销的物品，那么供应链对他的起的作用就不大了，做的时候反而比一般企业更难。优质的强势的大型钢铁制造企业，主要是指我们国家级的宝钢、鞍钢等几个带有垄断性质的大型钢铁企业，因为他们做的线材，他们做的钢材质量都比较好，是国标的，像一些小的钢铁厂是不行的，它本身就是非标产品，那些东西根本不能用但是我们供应链融资的方法，它的核心就是对于畅销的，包括石油行业，我估计现在问题还是不大，煤炭行业，现在也不是很好，粮食行业到底怎么样，中粮集团到底怎么样，我也不知道，也没有做调查，我们现在全国有四十几个分公司的话，这么大的框架，全国的工业，全国的经济它的一个指标，知道什么东西好卖，什么东西不好卖，从宏观上把握经济的脉络，那么我们在制定产品的管理方向，和资金投入的方向上，从总公司来讲，要有专门的人员进行研究，要制定指引，这才能够使我们分公司在运行当中能够准一点，风险控制的好一点。八是股权定向增发经销商融资，股权定向增发经销商融资是指大型制造类企业向其经销商定向增发股票，经销商以未来获得的股权作为质押，银行向经销商提供流动资金贷款，满足经销商流动资金需求的一种融资方式。这个就简单，一看就知道了，不用去解释。九是做市商融资，做市商融资是指银行为大型交易市场方提供担保授信额度，市场方推荐成员单位向银行申请授信，由市场方提供连带责任保证的一种融资业务形式。做市商融资是一种伞式担保融资业务形式，市场的成员单位借助市场的担保获得资金融通。做事上融资主要针对一些大型市场，比如钢材市场、建材市场、服装市场，这些市场里面有很多的产品，很多的客户，有 n 多个门面，例如深圳的华南城，包括很多的建材市场，而这个做市商，本来是做这个市场的，来帮下游进行担保，担保以后进行融资，这个比较安全，因为做市商整个资金的流动这方面还可以，然后本身的进货可以从各个门店的销售方式来掌握情况，还有抬柴市场、建材市场、时装市场、食品市场，农贸市场，都一样。十是信用证＋保兑仓业务，信用证＋保兑仓业务是指代理出口商取得进口商开具的信用证后，在信用证的额度内申请签发银行承兑汇票作为预付款支付给国内供应商，国内供应商发货，在代理出口商组织货物全部出口取得发运单据后解付的一种供应链融资业务。这个实际上一般只有银行做这个业务，它比较复杂，一般牵涉到打包放款信用证，以及银行的很多业务，这一点可能在我们某家互联网公司目前这个条件下只能做当中的一个环节，不能做全程，因为全程这个专业人员不是一天两天能够培养出来的，一般的信用证审查我们做不了的，信用审查叫审单，中国银行国际结算审单业务，我们这里不可能有人做的了的，那个一两年都上不了手的，首先全部要通，然后你要熟悉各个国家的贸易规则，各个国家的贸易习惯都不一样，都要知道，这个基础上才能接触业务，把它操作的没问题。

风控部实习生：张总裁您好，我是风控部双审的应届实习生，针对刚才棉花到衣服案例，我提一点想法，您刚才说是一套钱把整个供应链解决，但是我认为应该是有两套钱，因为首先要把这个钱给种植户，把钱借给他的时候，再把它转给银行之后，…然后这个棉花商收购的时候还要带现金去，所以这两个钱是同时存在的；然后这两套钱是不断增大的，因为从原材料到产成品是价值不断增值的过程，还有一点就是银行为双方贷款的时候，因为还款期限有前有后，就是你把钱还给银行之后，那个贷款会形成一个空白期，银行可能找不到贷给别人，单一的供应链可能找不到下一家，有一个空白期，假设一条供应链贷给其他供应链的时候，形成一个供应网，这里面又形成一个问题，一条供应链的两方来交易的时候，它两方都要有钱，然后另外一条供应链也要交易，就会产生四个节点，四个节点都要现金，银行要为四个节点提供现金支撑，当这样的供应链不断增大的时候，就会对银行现金短期产生一个风险，我认为是存在的，第二个是银行对供应链终端贷款的要求是，比如棉花到衣服的过程，衣服需要销售出去，假如销售不出去，例如潮流不对，工作跟不上，然后产生销售又出不去，假如它在卖之前已经在银行贷款，然后没有把衣服销售出去，就不会产生营业收入，就有可能还不起这个钱，还有一个是终端一般资金需求量是比较大的，就这个几个问题，谢谢！

张宇总裁：很好啊，我们这位同学肯动脑筋，提出了这个问题应该来说有道理，不能说没道理，提这种思维的方式有 N 多的问题没提出来，或者还没想到，因为从棉花到衣服的过程是理论上的一种解释，它不是从实践当中操作是否增值，是否还有其他方面情况出现，在项目评估当中有敏感性因素，假如供应商出现这个或那个问题，假如不增值了呢，假如什么呢是这些因素造成的，这个因素不在我阐述这个原理的范围内，如果要用这个方法来阐述的话，你还有 N 多个问题没有出现，明白吗？一套资金和两套资金问题也是理论上的解释供应链金融来说明这个，并没有说他的那个资金，原有那个企业没有资金，我也没有说农民没有资金，只是银行要注入一套资金，那他还自有一套资金呢，我没有解释，因为解释与不解释对于解释供应链金融来讲呢不是主要方面，接下来一套资金注入以后，可以使整个供应链联系起来，是解释这个东西，至于敏感性因素的话有 N 多可能，那我们接下来一个一个进行讨论，好不好，谢谢！

风控部实习生：谢谢！

张宇总裁：还有人吗，不错，还有人积极思考问题，我很高兴。提问题说明思考了，说明认真听了。可以提提其他问题，因为这是我最后一次给你们讲课，有什么其他问题也可以讲一讲，没关系的。这里和清华讲的不一样，那问题提的简直提的一塌糊涂。

某在座听众：张总裁，现在供应链金融确实很时髦，但是做的机会确实……张宇总裁：不时髦，哪里时髦。

某在座听众：我现在有个问题提出一下，您觉得供应链金融有哪些风险点，我们应该怎么控制它，可能这个问题有点大。

张宇总裁：不大不大，这个问题不大，供应链金融本质上是货与钱的交换，只要把货物和钱的另一方紧紧地控制在手上，风险就解决了。

某在座听众：能给我们具体讲一讲在哪个环节吗？

张宇总裁：有很多环节，不管到那个点上，要么钱在你手里，要么货在你手里，不管在那个地方，n 多个都可以，货可能是一些什么东西，钱就是钱，就在账面上，一点都不能脱节，要保证有一样在手上，就不会有风险，只要拖了一点，就完蛋。谢谢，不复杂，一点都不复杂。

某在座听众：谢谢！

张宇总裁：行了，今天既然大家没有什么问题，我就希望大家回去以后，因为我给大家留了半个小时结果大家没有提问完，也有可能是大家关心我的身体，不想给我太劳累了，我在这里也表示感谢大家，同时大家也想休息了。祝大家学习愉快，身体健康，万事如意，谢谢！

孙院长：大家再次以热烈的掌声欢送我们张总裁。